二十四史研究資料叢刊

史記探源

崔適 著
張烈 點校

中華書局

本書以清宣統二年「觶廬藏板」本爲底本進行整理。之後承劉起釪、曹相成二同志審讀，並作了不少改正，在此特志謝意。

張烈 一九八三年十二月

二〇一二年六月修訂

序（一）

吾友崔觶甫所撰史記探源成，其書凡八卷，予讀而偉之，爲之敘曰：甚哉！古文學家之亂經學以亂政學，賴此書出而救正之也。古者天生民而樹之君，所以保民，非爲君而生民，藉以衞君也。故堯讓天下如釋重負，舜視天下之朝覲訟獄歸己，則履天子之位而不辭。文王稱王，周公攝王，其道亦由是也。古文學家主於專制政成之世，尊君如天，故不許文王稱王，禮記大傳乃有追王之說；不許周公攝王，尚書金縢削其踐阼之文。後世親王宰相卑若輿臺，小民之呼籲絶無由上聞，而坊川一潰，動成伏尸百萬、流血千里之巨禍，此其蔽也。明王記災異不記祥瑞，所以資修省而不啟驕盈也。古文學家脂韋性成，造爲嘉禾書序，託之周公，而堯時蓂莢蓮莆之說，轉由是出。沈約作宋書創爲符瑞志，而宋真宗以改年號，明世宗以賞佞臣矣，又其蔽也。五德之說，誣秦爲不當五行之序，劉歆用以帝莽，班固轉藉以閏新，於是正統閏統之讆言，帝魏帝蜀之異議，自習鑿齒以下紛曉不止。不知以先朝之血胤爲正統乎？秦、漢以下，力强勢大者爲帝耳。曹氏固漢之逆臣，劉季非秦之亂民乎！以統一九州爲正統乎？趙宋未嘗一日一統而得爲正統，王新一統十五年顧不得爲正統，又其蔽也。分野之説，以五星、二十八宿爲禹貢九州、周家十二建國所割（劇）〔據〕，〔一〕豈大九州諸國不共戴天乎？卽以周之建國言之，春秋之初尚百餘國，何以十二國外皆不應星象？應星象者見凶祥，當修德以禳之，然則不應星象者遂可滔天虐民乎！

且大梁爲趙分野，東井爲秦分野，舉周之秦、趙受封之歲歲星所臨而言，然則於石趙、姚秦何與，而勒之興、泓之亡亦應其象耶？又其蔽也。是皆古文家説啟之，今文無是也。是言今文則於古今中外政理無所不通；言古文則無所不閡。太史公時未有古文，是書證其所本有，辨其所本無，豈惟有功於史學，其有功於經學、政學何如哉！爲述其大略，質之天下後世之知言君子。

宣統二年歲次庚戌仲冬同邑朱祖謀

〔一〕割（劇）〔據〕　「劇」訛，逕改。

序（二）

序曰：科學日尚改良矣，若中學之先是改良，其惟經學乎？攷據之學，後人必勝前人，非其才過古人也，因前人所發明而加以探索，則事半功倍也。史記爲五經總匯，所述經師八家而已。書、易、禮無異師，中、轅、韓、胡母、董無異說，皆折衷於夫子而未有門户之分也。自有古文學，始與今文分門；晚出古文，復與漢古文別户。於是岐中有岐，乃有束髮受經，皓首不通者。夫八師真孔學，古文僞孔學。真孔學單簡，僞孔學複雜。舍簡就繁、背真趨僞，廢有限之時，攻無用之學，豈不可惜！然作僞者既亂五經，復亂史記，通人有漸知其非者。吾友歸安崔觶甫先生於是有史記探源之作，揚真汰僞，執簡御繁，於此求真孔學如超羊腸而逕鳥道焉。此於真孔學爲反本，於僞孔學爲改良，是真二千年來不可無一、不能有二之書矣。自今而後，真孔學其日昌乎。

宣統二年冬烏程施茂華

凡例

一、卷一命曰序證，法陸德明經典釋文序録而小變之，彼序其目録，此序其攷證，各依義以立名也。

一、卷二以下依篇爲次，法釋文依經爲次也。

一、正其文而録舊本於下，法杜子春易周禮字而録其故書也。

一、更其次而録舊本於下，法蔡沈尚書集傳攷定武成而易其先後也。

一、凡曰「接」者，謂史記本文當如此接也；凡曰「止」者，當如此止也；凡曰「至」者，省其文也；凡用「○」者，比其類與舉其要也。

一、凡稱「師」，謂曲園也。漢儒但稱師説，宋儒猶然，論語集注「愚聞之師曰」，謂延平也。今用其例。師説已傳，故不舉其書名篇數，亦有用其語，如古書有某例之類，出自古書疑義舉例，閲者自知，不復稱引，以省繁文。

目録

卷一　序證

要略……一
竄亂……一
春秋古文……二
終始五德……三
十二分野……五
變象互體……七
告則書……八
官失之……九
古文尚書……一〇
書序……一二
古文……一四
傳記寓言……一四
漢書……一五
麟止後語……一六
補缺……一八

卷二　十二本紀

五帝本紀第一……二〇
夏本紀第二……三二
殷本紀第三……三六

卷三　十二本紀

周本紀第四……四一
秦本紀第五……五一

秦始皇帝本紀第六……五四
項羽本紀第七……五八
高祖本紀第八……五九
呂后本紀第九……六三
孝文本紀第十後人依漢書補……六五
孝景本紀第十一……六五
孝武本紀第十二妄人録漢書郊祀志……六六

卷四　十表

三代世表第一……六八
十二諸侯年表第二……六九
六國表第三……七九
秦楚之際月表第四……八四
漢興以來諸侯年表第五褚先生補……九七
高祖功臣侯〔者〕年表第六同上〔一〕……九七
惠景間侯者年表第七同上……九八

建元以來侯者年表第八同上……九八
建元以來王子侯者年表第九同上……九八
漢興以來將相名臣年表第十妄人所續……九九

八書

禮書第一妄人所續，雜録荀子禮論……九九
樂書第二妄人所續，雜録禮記樂記……一〇〇
律書第三妄人録漢書志……一〇〇
歷書第四妄人録漢書志……一〇〇
天官書第五妄人録漢書天文志……一〇一
封禪書第六妄人録漢書郊祀志……一〇二
河渠書第七妄人録漢書溝洫志……一〇三
平準書第八妄人録漢書食貨志……一〇三

卷五　三十世家

吳太伯世家第一……一〇五
齊太公世家第二……一〇八
魯周公世家第三……一一三
燕召公世家第四……一一八
陳杞世家第六……一二〇
衛康叔世家第七……一二一
宋微子世家第八……一二五

卷六　三十世家

晉世家第九……一三三
楚世家第十……一三六
越王句踐世家第十一……一三六
鄭世家第十二……一三七
趙世家第十三……一三九
魏世家第十四……一四二
韓世家第十五……一四四
田敬仲完世家第十六……一四四
孔子世家第十七……一四六
陳涉世家第十八……一五六
外戚世家第十九……一五六
楚元王世家第二十……一五七
荆燕世家第二十一……一六〇
齊悼惠王世家第二十二……一六〇
曹相國世家第二十四……一六一
陳丞相世家第二十六……一六二
絳侯世家第二十七……一六二
梁孝王世家第二十八……一六三
五宗世家第二十九……一六三
三王世家第三十妄人所續……一六六

卷七　七十列傳

伯夷列傳第一……一六七

老莊申韓列傳第三……一六八
司馬穰苴列傳第四……一七一
孫子吴起列傳第五……一七二
伍子胥列傳第六……一七三
仲尼弟子列傳第七……一七四
商君列傳第八……一七七
蘇秦列傳第九……一七八
張儀列傳第十……一八〇
樗里子甘茂列傳第十一……一八一
穰侯列傳第十二……一八二
孟子荀卿列傳第十四……一八二
孟嘗君列傳第十五……一八四
平原君列傳第十六……一八五
信陵君列傳第十七……一八七
春申君列傳第十八……一八七
范睢蔡澤列傳第十九……一八八
廉頗藺相如列傳第二十一……一八九
田單列傳第二十二……一九〇
魯仲連鄒陽列傳第二十三……一九〇
屈原賈生列傳第二十四……一九二
吕不韋列傳第二十五……一九二
刺客列傳第二十六……一九四
李斯列傳第二十七……一九四
蒙恬列傳第二十八……一九六

卷八　七十列傳

張耳陳餘列傳第二十九……一九七
黥布列傳第三十一……一九八
淮陰侯列傳第三十二……一九九
韓王信列傳第三十三……一九九
田儋列傳第三十四……二〇〇
樊酈滕灌列傳第三十五……二〇一

張丞相列傳第三十六妄人録漢書……二〇一
酈生陸賈列傳第三十七……二〇二
傅靳蒯成列傳第三十八……二〇二
季布欒布列傳第四十……二〇三
袁盎鼂錯列傳第四十一……二〇四
萬石張叔列傳第四十三……二〇四
田叔列傳第四十四……二〇五
扁鵲倉公列傳第四十五……二〇五
吴王濞列傳第四十六……二〇七
李將軍列傳第四十九……二〇八
匈奴列傳第五十……二〇八
衛將軍列傳第五十一……二〇八
平津侯主父偃列傳第五十二……二〇九
南越尉佗列傳第五十三妄人録漢書……二〇九
東夷列傳第五十四同上……二一〇
朝鮮列傳第五十五同上……二一〇
西南夷列傳第五十六同上……二一〇
司馬相如列傳第五十七……二一〇
淮南衡山列傳第五十八……二一一
循吏列傳第五十九妄人所續……二一二
汲鄭列傳第六十妄人録漢書……二一二
儒林列傳第六十一……二一三
酷吏列傳第六十二妄人録漢書……二一八
大宛列傳第六十三妄人録漢書張騫李廣利傳……二二〇
游俠列傳第六十四……二二〇
佞幸列傳第六十五妄人録漢書……二二一
滑稽列傳第六十六中章妄人所續……二二二
日者列傳第六十七妄人所續……二二三
龜策列傳第六十八同上……二二三
貨殖列傳第六十九……二二三
太史公自序第七十……二二四

無説者十篇，管蔡、蕭相國、留侯世家三，管晏、白起、樂毅、劉敬、張釋之、竇嬰、韓安國列傳七也，故不録。

〔一〕高祖功臣侯〔者〕年表　據史記目録補。

史記探源卷一　序證

要略

史記者，五經之橐籥，羣史之領袖也。乃漢書已云其缺，於是續者紛起，見於本書者曰褚先生，見於七略者曰馮商，見於後漢書班彪傳注及史通者，有劉歆等十六人。案漢書亦有自言出自劉歆者，藝文志曰「録七略」，律歷志曰「録三統歷」是也。乃儒林傳言經師受授與七略相表裏，律歷志言六歷五德與郊祀志、張蒼傳相牽屬，天文、地理志言分野與五德相印證，皆可知其爲歆作。黄省曾西京雜記序謂班固漢書全取劉歆，則不必然。五行志上曰「歆治左氏傳，其春秋意亦已乖矣」，與藝文志專稱左氏傳爲得春秋真意相反，豈歆語乎？白虎通義多主今文說，惟今文家所無乃取古文說補之，則五行志乃班固所自作明矣。後漢書本傳曰：「固著漢書，自永平中始受詔，潛精積思二十餘年，至建初中乃成。」豈有積思二十餘年所成之書，不著一字而襲取前人者乎？當由歆、固各有漢書，後人雜録兩家之言，遂成今之漢書，乃至宗旨岐出爾。史記之文，有與全書乖、與此合者，亦歆所續也。至若年代縣隔，章句割裂，當是後世妄人所增，與鈔胥所脱。其幸免乎此，又有誤衍、誤倒、誤改、誤解諸弊，要不若竄亂之禍爲劇烈，故下文專釋之。

竄亂

劉歆之續史記，非不足於太史公也。亦既顛倒五經，不得不波及龍門以爲佐證，而售其爲新室典文章之絶技也。其所以顛倒五經者，劉向在成帝世，剌取春秋災異作洪範五行傳，端緒雖紛，要以譏切世卿比例王氏爲宗旨。歆主翊戴新室，務與向説相反，於是奪孔子之春秋而歸之魯史，自造書序百篇而託之孔子，説皆詳下。如是則孔子之宗旨頓渝，而劉向之傳説皆謬矣。又須多造古文經傳，廣樹證據，而辭繁旨博，非歆一人之力所能勝任也，乃「徵天下有通逸禮、古書、毛詩、周官、爾雅、天文、圖讖、鍾律、月令、兵法、史篇文字者，皆詣公車。至者前後千數，皆令記説廷中，將令正乖謬、壹異説云。」此文載王莽傳。適案：歆所謂正乖謬者，卽正其父向之乖謬；壹異説者，以齊魯韓詩、歐陽夏侯氏書爲異説，而壹之於所託之孔安國、毛公云爾。逸禮以下書名，亦劉歆所造。此千數人者，孰不仰體國師嘉新公之意旨，嚮壁虛造妖誣之言以備采納。於是羣經皆受其竄亂，而史記爲五經門户，則亦不得不竄亂矣。

春秋古文

史記儒林傳曰：「言春秋，於齊、魯自胡母生，於趙自董仲舒。」太史公自序曰「昔孔子何爲而作春秋哉？余聞董生」云云。是太史公之於春秋，一本於董生，卽一本於公羊。其取之左氏，乃國語也。自序曰「左邱失明，厥有國語」可證，是時無所謂左傳也。劉歆破散國語，并自造誕妄之辭與釋經之語，編入春秋逐年之下，託之出自中秘書，命曰春秋古文，亦曰春秋左氏傳。今案其體有四：一曰無經之傳。姑卽隱公篇言之，如三年冬「鄭伯之車僨于濟」是也。夫傳以釋經，無經則非傳也，是國語也。二曰有赤，其義何居？曰：此因三正，不緣五德也。白虎通三正篇引「禮三正記曰：『十一月之時，陽氣始養根株黃泉之下，萬物皆赤。赤者，盛陽之氣也，故周爲天正，色尚赤也。十二月之時，萬物始牙而白。白者陰氣，故殷爲地正，色尚白也。十三月之時，萬物始達，孚甲而出，皆黑，人得加功，故夏爲人正，色尚黑也。』尚書大傳曰：『夏以十三月爲正，色尚黑，以平旦爲朔。殷以十二月爲正，色尚白，以雞鳴爲朔。周以十一月爲正，色尚赤，以夜半爲朔。』」是則易服色之義，自改正朔而出，豈由「終始五德」耶？王莽傳曰：「定有天下之號曰新，服色配德尚黃，犧牲應正用白。」是則別服色於正朔之外，而屬之「終始五德」，亦自歆爲莽典文章始。於史記則竄入黃帝秦始漢高本紀、十二諸侯年表、張耳傳也，詳各篇下。通篇皆僞者，不在此列，以下稱是。

十二分野

春秋所記災異，劉向以爲某事之應者，劉歆必指無事可攷之國以當之，入五行志。如隱公三年（正）〔二〕月己巳「日有食之」，〔三〕董仲舒、劉向以爲戎執凡伯、鄭獲魯隱之應，劉歆則謂正月二日燕、越之分野，以是時燕、越之事，於國語、世家皆無攷故也。又託爲他國他事之應，入之左傳。如昭十七年冬，有星孛于大辰，董仲舒、劉向以爲王室亂、吴入郢之應，左傳則謂宋、衞、陳、鄭火作之象，而分野之名以立。分野者，以地之十二國，繫天之十二次。何謂十二次？分二十八宿隸之。律歷志謂自斗至女爲星紀，自女至危爲玄枵，自危至奎爲諏訾，自奎至胃爲降婁，自胃至井爲大梁，自井至柳爲鶉首，自柳至張爲鶉火，自張至軫爲鶉尾，自軫至氐爲壽星，自氐至尾爲大火，自尾至斗爲析木是也。然與地理志不同，此志以初軫十二度終氐四度爲壽星之次，彼志則自井六度至亢六度矣；此志以初尾十度終斗十一度爲析木之次，彼志則自危四度至斗六度矣，又析十二分野爲十三。二志同出漢書，乖異若是。以十二國繫十二次者，保章氏鄭（志）〔注〕引堪輿曰：〔三〕「星紀，吳、越也；玄枵，齊也；娵訾，衞也；降婁，魯也；大梁，趙也；實沈，晉也；鶉首，秦也；鶉火，周也；鶉尾，楚也；壽星，鄭也；大火，宋也；析木，燕也。」賈疏謂古受封之日，歲星所在之辰。適案：周語曰：「昔武王伐殷，歲在鶉火，歲之所在，則我有周之分野。」此爲賈疏所本。然以左傳校之：一顓頊之虛也，昭十年以爲齊，十七年以爲衞，八年、九年以爲陳矣。一陳也，九年謂之水族，十七年爲之火房矣。一鄭也，襄二十八年以爲龍星，注謂角、亢，疏曰卽壽星，昭十七年乃曰祝融之虛，則是大火矣。趙、魏、韓三國同時，鄭注有趙，無韓、魏；地理志魏同晉，韓同鄭。然命三家爲諸侯，皆在威烈王二十三年，則歲星所次同矣。志以趙屬大梁，魏屬實沈，韓屬壽星，則相去六歲，豈可通乎？以十二國徵十二國，以左傳校左傳，矛盾層累如此。又有以十二辰與十二州之説繫十二次，矛盾更甚，以無與於左傳，姑弗論。其説實創自劉歆，有三證焉：爾雅之名，始見於王莽詔書，卽所徵之千數人受歆之意旨而作者也。釋天「玄枵，虛也。顓頊之虛，虛也」，與「冬，其帝顓頊」之説皆當北方水位合。五德劉歆所創，則分野可知，證一也。書伏傳、詩毛傳、周本紀，周之始年皆謂文王受命之年。案文王受命七年而崩，九年，武王上祭于畢，十一年，武王伐紂。如十一年歲在鶉火，則元年在壽星，壽星乃周之分野，國語以鶉火當之，是以武王伐紂爲周之始年，豈周之泠州鳩已通漢之古文學乎？此必歆所竄入，證二也。漢書五行志中之上曰：「夏侯始昌、夏侯勝、許商教弟子，其傳與劉向同，唯劉歆傳獨異。」下之下凡主分野皆劉歆說，間有入董仲舒、劉向語者，亦爲後人竄亂。不然，不當云「劉歆傳獨異」矣。昭公七年四月甲辰朔，日有食之。董仲舒、劉向以爲楚靈王弑君、陳公子招殺世子之應，劉歆以爲魯、衞分，左傳曰「魯、衞惡之」。是歆說與左氏同，與仲舒、向並異，證三也。於史記則竄入十二諸侯年表、齊宋鄭世家、張耳傳也。

變象互體

說卦曰：「觀變於陰陽而成卦，發揮於剛柔而生爻。」又曰：「易六畫而成卦。」至於成卦之後，不言六爻有變象，有互體也。杜預始發此例，則是說之出晚矣。故鍾會論易，王弼作注，皆無互體，爲程子所深取。左莊二十二年傳，筮得觀之否，曰：「坤，土也；巽，風也；乾，天也。風爲天於土上，山也。姜，太嶽之後也。」注：「坤下巽上，觀。坤下乾上，否。觀六四爻變而爲否，巽變爲乾，故曰風爲天。」適案：觀三互五五爲艮，否二互四亦爲艮，艮爲山，故曰山、曰嶽也。是此年之傳，於易之變象互體，實兼之矣。豈周太史已通漢學乎？此必劉歆竄入，又竄入史記十二諸侯年表、陳晉魏田齊世家也。以上皆無經之傳，與有經而不釋經之傳之屬。

告則書

左傳謂春秋本魯史，魯史本赴告，告則書，不告則否。然則春秋褒貶之權，全秉於赴告者之手，孔子何爲以竊取其義，知我罪我自任乎？經書列國君卒之日，傳輒以爲赴之日，別記卒日於前。然隱三年八月庚辰宋公和卒，昭十年七月戊子晉侯彪卒，皆經傳同日，已無解於赴之太速矣。襄公二十五年五月乙亥齊崔杼弒其君光，亦經傳同日，下文且曰：「辛巳，太史書曰：『崔杼弒其君』。」辛巳者，後乙亥七日也。古書計日，皆連本日數之。是日，太史始書於國史，然後赴告他國，至速亦同日爾，何由先七日赴乎？莊公八年十有一月癸未齊無知弒其君諸兒，傳乃在十二月，先赴而後弒乎？公薨及魯大夫之卒，以魯史書魯事，無待於赴，此必薨卒之正日也。而於各國之君，乃舍其卒日而書赴日，經義如是之參差乎？經文明書其卒，傳乃易之以赴，安意失真，孰大於是！比於口說流行者何如乎？然則諸侯卒無赴告之文乎？曰：有之。但春秋之文，必不本於赴告爾。名在諸侯之策曰「孫林父、甯殖出其君」，春秋書曰「衞侯衎出奔齊」；許人以「悼公卒」赴，春秋書曰「許世子止弒其君買」，不據赴告之文有明證矣。至若楚世子商臣弒其君髡，代髡立者商臣也；蔡世子般弒其君固，代固立者般也。赴者卽商臣與般之臣，若亦據實以赴，則當何所措辭？雖使劉歆捉刀，得無窮乎！春秋書列國之事，自當據列國之史，凡卒之日，皆非赴日。「甲戌、己丑，陳侯鮑卒」，公羊傳曰「甲戌之日亡，己丑之日死，而得」是也。卽實弒而書卒，亦非因赴告之文也。鄭伯髡頑卒于操，不言其大夫弒之，爲中國諱也。陳侯溺卒，公子招貶不稱弟，不言其弒，以楚之託乎討招以滅陳，陳之滅自招致之，其罪更重於弒君也。蓋春秋者，孔子託義之書，非列國記事之史。若左邱明作國語則異是，據各國之別史最爲一家之總史，如陳壽三國志、李延壽南北史之比，本不與春秋相比附，何得有釋經之語？劉歆傳曰：「歆治左氏，引傳文以解經。」此語頗持兩端，傳自解經，何待歆引？歆引以解，則非傳文。此傳歆所自作，非所謂誣善之人其辭游者耶！然左氏解經之傳，歆始爲之，則歆固自言之矣。創爲赴告則書之說，緣其古文經傳，是非與春秋相反。故託是說示人以春秋非孔子作，不過雜録各國赴告之文，則其褒貶是非，皆不足據，不如古文學說爲足據也。於史記則竄入十二諸侯年表、齊陳鄭世家也。

官失之

孔子據各國史記而作春秋，筆之削之，斷自聖心，無所謂官失之也。如隱公三年二月己巳，日有食之。公羊傳曰：「日食，則曷爲或日、或不日、或言朔、或不言朔？曰某月某日朔日有食之者，食正朔也。其或日，或不日，或失之前，或失之後。失之前者，朔在前也。失之後者，朔在後也。」何氏於「朔在前」注曰：「謂二日食，象君行暴急外見畏，故日行疾，月行遲，過朔乃食，失正朔於前也。」「朔在後」注曰：「謂晦日食，象君行懦弱見陵，故日行遲，月行疾，未至朔而食，失正朔於後也。」然則官何失之有？劉歆欲奪春秋於孔子而歸之魯史，故於桓十七年「冬十月朔，日有食之」，竄其說入左傳曰：「不書日，官失之也。」又竄入史記十二諸侯年表也。以上皆釋經之傳之屬。

古文尚書

劉歆假託古文經、傳之所出，於尚書爲獨詳，今依其說折之。藝文志録七略曰：「武帝末，魯共王壞孔子宅，得古文尚書及禮記、論語、孝經凡數十篇，皆古字也。孔安國獻之。遭巫蠱事，未列於學官。」儒林傳曰：「孔氏有古文尚書，孔安國以今文字讀之，逸書得十餘篇，蓋尚書茲多於是矣。此數語史記儒林傳亦有之，後人竄入，詳彼篇下。司馬遷從安國問故，遷載堯典、禹貢、洪範、微子、金縢諸篇多古文說。」適案：五宗世家：魯共王用孝景前二年立，二十六年卒。景帝在位十六年，則共王卒於武帝卽位之十一年，卽元光五年。武帝在位五十四年，則末年安得有共王？不合者一。孔安國以今文讀之，需歲月幾何？乃越四十餘年，至巫蠱禍作之年，而始獻之乎？且安國若有得古文尚書事，何以孔子世家不言，但曰「安國爲今皇帝博士，遷臨淮太守，蚤卒」？漢書倪寬傳：寬詣博士受業，受業孔安國，補廷尉史，廷尉張湯薦之。亦見史記儒林傳，亦後人竄入，詳本篇下。百官表：湯遷廷尉，在元朔三年。是安國爲博士在元朔三年以前，使其年甫踰二十，至巫蠱禍作，已過五十，是時尚在，安得云蚤卒？既云蚤卒，安得獻書於巫蠱禍作之年耶？荀悅漢紀云：「安國家獻之。」此「家」字，亦知安國之年不及巫蠱禍作而增。然安國有子卬，何不云孔卬獻之，而於安國下增「家」字，彌縫之跡甚彰，不合者二。世家但曰安國爲博士，不自言從之問故也。自序云：「太史公受易於楊何，習道論於黃子。」於其父所受業，尚言之甚詳，若遷自從安國問故，何得不言？漢書遷傳亦不言，惟於儒林傳言之。且太史公生年亦不及武帝之末，七略言武帝末，魯共王得古文尚書，而後安國獻之，遷亦何由從之問故耶？不合者三。劉歆移讓太常博士書曰：「或以尚書爲備。」則自歆以前經師所傳，固以孔子所定之書，伏生已備，非殘缺之本也。史、漢皆言歐陽生事伏生，授倪寬，寬又受業孔安國，不言安國所受業，其爲家學可知。歐陽、大小夏侯之學皆自寬出，寬自伏氏出，又自孔氏出，則孔氏之書與伏生同矣。不然寬何不以所異者互補，必待孔壁古文出而滋多耶？伏書備則孔書亦備，安所得滋多之古文而遷從之問故耶？不合者四。古文說與古文經本不同物，七略曰「壞孔子宅，得古文數十篇，皆古字也」，儒林傳曰「孔安國以今文讀之」，皆謂古文經，非古文說也。七略雖云尚書傳四十一篇，不注作者姓名，惟東晉梅（頤）〔賾〕所上僞孔安國序，〔四〕有承詔作傳之文，亦非漢儒所及料也。後漢書儒林傳曰：「杜林傳古文尚書，賈逵爲之作訓，馬融作傳，鄭玄注解。」見於楊倫傳末。然則賈逵以後乃始有古文說，太史公何從載之？不合者五。儒林傳「遷載古文說」之言，當出馬續。後漢書列女傳：班彪女昭，兄固著漢書，未及竟而卒，和帝詔昭踵而成之，後又詔馬融兄續繼昭成之。案：融爲古文學，續當同之。尚書自伏生所傳二十八篇後，太誓後得，附入大小夏侯書中，篇各爲卷，七略曰「經二十九卷」是也。劉歆僞託孔安國所傳，造古文十六篇，亦篇各爲卷；又造書序百篇，合爲一卷，與大小夏侯所傳二十九卷雜書之，七略曰「古文經四十六卷」是也。馬、鄭雖古文家，不爲十六篇作傳注，惟爲二十九篇作之，於是用古文之學而釋今文之經，儒林傳所謂古文說是也。及漢古文亡，而晉古文出，去馬、鄭本太誓，而別造太誓，亦雜伏書二十八篇書之，且爲作傳，亦託之孔安國，是後伏生今文之經，轉附梅氏古文而傳，篇名雖今，而文字章句皆古矣。復求一二零章斷句之真今文經與說，皆惟史記是賴，所載堯典、禹貢、微子、洪範、金縢諸篇，絕無古文說，詳堯舜夏本紀、宋魯世家下，漢書儒林傳謂多古文說，不合者六也。晉出古文之僞，閻百詩、惠定宇言之已詳，且於史記關係甚少，故不之及。

書序

此亦劉歆所作，託之孔子，然亦穿鑿史記，以竄宅其鬼蜮也。三代世表曰：「孔子次春秋，序尚書。」猶曰序春秋，次尚書也。孔子世家曰：「追跡三代之禮，序書傳，上紀唐虞之際，下至秦繆，編次其事。」此「序」字與「追跡」之「跡」、「上紀」之「紀」，對文同義，下復總括之曰「編次」，皆謂次序之「序」，非序跋之「序」也。七略據此而曰「孔子纂書，凡百篇，而爲之序」，其說鑿矣。孟子曰：「湯崩，外丙二年、仲壬四年」，乃序太甲之事，殷本紀與之同。書序曰：「成湯既没，太甲元年。」直以爲太甲繼成湯而立，豈孔子之數典忘祖歟？抑稽古之力不如孟子歟？其厚誣孔子明矣。今可證其爲劉歆作者四焉：漢書王莽傳：遣平、憲等多持金幣誘塞外羌豪良願等，使獻地，願内屬，曰：「安漢公至仁，天下太平，五穀成熟，或禾長丈餘，或一粟三米。」乃造唐叔得禾異母同穎之說，作嘉禾書序以張其本。太平御覽休徵部引大傳，略說周公踐阼，朱草暢生；又曰周公輔幼主，不矜功，則蓂莢生。此亦後人所依託。古人第言咎徵，藉以修德，故洪範五行傳止詳災異，不及祥瑞。王莽傳：班德祥、符命、福應等篇於天下，言黃龍見成紀，井石金匱，雌雞化爲雄之屬，始飾災異爲祥瑞。唐叔之時，安得此矯誣之說耶？證一也。新受漢禪，取法舜受堯禪。莽傳曰「予前在大麓」，又曰「流棻于幽州，放尋于三危，殛隆于羽山」，凡事比跡重華。堯既有典，舜豈可無？是則舜典之名亦爲新室而作，故不及顧舜之事業已詳於堯典也，今之舜典本堯典文，晉時始割「愼徽五典」以下爲之。證二也。周本紀：周受命九年，武王上祭于畢，十一年伐紂克殷，後二年，問箕子以天道。大傳：「武王釋箕子之囚，箕子不忍爲周之釋，走之朝鮮，封之。箕子既受周之封，不得無臣禮，故於十三祀來朝，武王因而問洪範。」是問洪範在克殷後二年，箕子自朝鮮來也。書序曰：「武王勝殷，殺受，立武庚，以箕子歸，作洪範。」直謂勝殷之年，卽以箕子自朝歌歸周矣，正與三統歷文王受命九年而崩，後四年武王克殷，以克殷爲在十三年合，證三也。列子楊朱篇「周公攝天子之政，召公不說」。燕世家「成王既幼，周公攝政，當國踐阼，召公疑之」。案：召公疑之者，疑其踐阼也。阼，王位也。祭統云「君袞冕立于阼」是也。書序曰：「召公爲保，周公爲師，相成王爲左右，召公不說。」馬融曰：「召公以周公既攝政，致太平，功配文武，不宜復列在臣位，故不說。」案：此謂不說周公列臣位，與不說周公踐君位，義相反對，凡與太史公說相反對者，皆歆說也，證四也。是則書序之文固非太史公所及知，亦非史記所應載。玉藻曰：「動則左史書之，言則右史書之。」鄭注以記動爲春秋，記言爲尚書。然則史記亦記動之書，不當有記言之體。故五帝本紀録堯典文而不引堯典篇名，殷本紀録西伯戡黎文而不舉西伯戡黎篇名，宋世家録微子、洪範文亦然。録其文所以記動也，非爲記言，故不録其篇名，此太史公本文。夏本紀「禹乃行相地宜所有以貢」；殷本紀「盤庚乃告諭諸侯大臣」；周本紀「至于商郊牧野乃誓」，又曰「誓已」；秦本紀「乃誓於軍曰」，又曰「故作此誓，令後世以記余過」；魯世家「周公藏其策金縢匱中」；晉世家

「周作文侯之命：王若曰」。雖寓篇名，仍是記動，亦太史公本文。至若夏本紀之甘誓文，殷本紀之高宗（肜）〔彤〕日文，〔五〕魯世家之無逸、肸誓文，燕世家之君奭文，亦太史公所録，而繫其上下文曰「作甘誓」，曰「作高宗（肜）〔彤〕日及訓」，曰「作無逸」，曰「作肸誓」，曰「作君奭」，并録篇名，實兼記言之體，與全書不類，必非太史公語也。更有無文可録，如殷本紀「伊尹入自北門見女鳩、女房，作女鳩、女房」。此文更屬不類，二人之言行無攷，何所藉以發明，而史記載之乎？故無論其篇名爲今文、古文，凡曰「爲某事作某篇」者，皆劉歆之徒據書序竄入也，如夏殷周本紀、齊魯衞宋世家篇中夥矣。

古文

七略曰：「古文尚書及論語、孝經。」然則論語、孝經而書以古文，亦當曰古文論語、古文孝經，必與經名相屬，始見其爲何經之古文。乃五帝本紀贊曰「總之不離於古文者近是」，仲尼弟子傳贊曰「則論言弟子籍，出孔氏古文近是」，太史公自序曰「年十歲則誦古文」，此等古文謂何經耶？惟説文解字有此名，別於小篆、籀書也，此又非其例也，直不成語矣。此不通文理者所增竄，不當歸咎劉歆矣。餘詳各篇下。

傳記寓言

又有誤認傳記寓言爲實録，附録之以期詳備，致與上下文相衝決者，亦史記之累也。寓言之類有三：曰託名，曰託言，曰託事。託名者，古實無此人，設爲此人之名與其言行，以發其所欲抒之意見，如許由、務光之屬是也。託言者，以所言之意爲主，託爲古人之問答以發明之，非謂真此古人之言也。如列子楊朱篇晏平仲問養生於管夷吾，莊子盜跖篇孔子與柳下季爲友，說苑咎犯諫平公，介子推行年十五相荆，孔子使人往視之類是也。託事者，以時事爲主，設爲古人之事以譬喻之，不必古人真有此事也。如燕世家蘇代曰「禹薦益而以啓人爲吏，啓與友黨攻益奪之天下」，爲子之謀盜國發也。後漢書孔融與曹公書曰「武王伐紂，以妲己賜周公」，爲魏文納甄后發也。竹書紀年爲魏、晉間人所造，謂「堯老而德衰，爲舜所囚」，史通、路史引之。爲山陽公、陳留王發也；謂「太甲殺伊尹，文丁殺季歷」，爲高貴鄉公欲討司馬文王發也。然則舜舉十六族，周公爲成王禱疾，事類此矣。說詳五帝本紀、魯世家、蒙將軍傳下。

漢書

凡史、漢文同，有漢録史者，有竄漢入史者。漢録史者姑弗論。竄漢入史者，如平準書曰：「漢興，接秦之敝。」上無所承，不似起語。漢書食貨志上云：「始皇并天下，男子力耕不足糧饟，女子紡績不足衣服。」此明言秦之敝，故下承以「漢興，接秦之敝」。豈非書截志之上文乎？末云：「是歲小旱，上令百官求雨，卜式曰：『弘羊令吏坐市列販求利，亨弘羊，天乃雨。』」下無所接，不成收語。且突然而止，直似弘羊果亨而天果雨者。志下云：「武帝拜弘羊爲御史大夫」，明式言之不用，而超遷弘羊也。豈非書截志之下文乎？五宗世家：「廣川惠王齊數上書，告言漢公卿及幸臣所忠等。」文自此止。漢書景十三王傳下云：「又告中尉蔡彭祖捕子明」云云。此後人録傳入世家時，偶爾中輟，續書時忘其未畢而别録膠東王事也。十二諸侯年表「不可以書見也」下接「及如荀卿、孟子、公孫固、韓非之徒」云云，今取七略「魯君子左邱明」等語從中插入，致上下文相隔絶，説詳彼篇下。漢書司馬相如傳贊曰：「司馬遷稱云云，揚雄以爲云云」，此班固兼引遷、雄之辭。竄漢入史者，仍「太史公曰」之文，去「贊曰司馬遷稱」六字，遂成太史公引揚雄語矣。是則平準書者，斷頭刖足之食貨志也；五宗世家廣川惠王章者，椹胸斧腰之景十三王傳也；十二諸侯年表序論者，剖腹納肝之七略也；太史公稱揚雄語者，改頭换面之班贊也。前一類全録漢書，後三類史、漢雜糅。全録漢書者，補缺也；史漢雜糅者，續竄也；「麟止」後語亦是也。

麟止後語

太史公自序曰：「故述往事，思來者，卒述陶唐以來至于麟止。」集解：「張晏曰：『武帝獲麟，以爲述事之端，上包黄帝，下至「麟止」，猶春秋止於獲麟也。』」然則孝武本紀當止於元狩元年冬十月獲麟，猶春秋止於哀十四年春獲麟也。是時尚以十月爲歲首，元狩之冬，猶春秋之春也。年表、世家、列傳稱是。乃篇末更載太史公曰「余述歷黄帝以來至太初而訖」，卻踰「麟止」年限二十二；建元以來侯者年表末褚先生曰「太史公記事盡于孝武之末」，又踰太初年限十四；集解、索隱、正義皆謂終于天漢，猶介乎其間爾。更校全書，酷吏傳載杜周捕治桑弘羊昆弟子，且及昭帝元鳳間事矣；楚元王世家王純自殺，且載宣帝地節年號矣；齊悼惠王世家城陽王景、菑川王橫卒，將相名臣表薛宣爲丞相，且載成帝建始、鴻嘉年號矣，此史通所謂衛衡、史岑等相次撰續者耶？亦後人據漢書竄入耶？要之太初而訖者，褚先生補，託之太史公者也；盡于孝武者，後人所續，託之褚先生者也。說詳年表第六、第八下。孝昭後事無所用其託矣。太史公所作自當踐其「至於麟止」之言，今可證成其說者八焉：自序引其父談及壺遂之言，比之於春秋，漢時亦有獲麟之事，此千載難逢之機會，必不肯舍而踰之，一也。漢書公孫弘與卜式、倪寬同傳，主父偃與嚴助、朱買臣、吾邱壽王、終軍同傳，史記止爲弘、偃作傳，以弘相偃誅在「麟止」前故也。後此不爲之傳，他人姑弗論，若終軍者，非自序所謂忠臣死義之士其所欲傳者耶？軍之對策以獲麟，死節在太初，如史記訖于太初，何不爲軍作傳？而不爲之傳，非以「至于麟止」故耶？二也。外戚世家竇姬長男爲太子，王夫人生男爲太子，衛子夫生男名據，是則景帝、武帝爲太子皆不名，獨於衛太子名何耶？未立爲太子故也。立據爲太子，漢書武帝紀在元狩元年四月，在獲麟後，前此猶是皇子，故名。若訖于太初，安知太子之終廢而名之耶？三也。別傳終於淮南、衡山王，以其獄在「麟止」前一月也，說詳本篇下，四也。自序大序之末既曰「卒述陶唐以來至于麟止」，小序之末又自爲一節曰「余述歷黃帝以來至太初而訖」，與上文年限起訖皆異，其爲續竄甚明，五也。漢書司馬遷傳有「至于麟止」之言，無「太初而訖」之語，六也。揚雄傳曰「太史公記六國，歷楚、漢，訖麟止」，惟遷傳贊云「述楚漢春秋接其後事，訖于天漢」，敘傳云「太初以後闕而不錄」，與此二傳意分爲三，豈似一人之言？更以彪語證之，可見天漢、太初二說皆非固語，亦後人竄入也。七也。後漢書班彪傳曰「太史令司馬遷上自黃帝，下訖獲麟，作本紀、世家、列傳、書、表，凡百三十篇」，上文亦有「太初以後不録」之言，與此乖異，乃范氏信僞班固語，不如彪言爲得實也。八也。凡此皆可爲「至于麟止」之徵，踰此者據漢書竄入也。

補缺

漢書司馬遷傳曰：「十篇缺，有録無書。」注：「張晏曰：『亡景紀、武紀、禮書、樂書、兵書、漢興以來將相年表、日者列傳、三王世家、龜策列傳、傅靳列傳。元、成之間褚先生補缺，作武帝紀，三王世家，日者、龜策列傳，言辭鄙陋，非遷本意也。』師古曰：『序目無兵書。』」劉攽曰：「卽律書。」適案：今之篇目篇文，不但非太史公之舊，亦非班固、張晏時之舊，今十篇皆補，無一缺者，轉視班、張時爲備矣，其可信耶？正足爲殘缺益多之反比例也。武紀等篇亦非褚先生補，八書皆贋鼎，斤斤於兵書、律書之辨，枉尋直尺而已。惟景紀、傅靳列傳轉不似缺，今姑舍是證。其爲通篇皆僞者二十有九：文紀一，武紀二，年表第五至第十八，八書十六，三王世家十七，張蒼、南越、東越、朝鮮、西南夷、循吏、汲鄭、酷吏、大宛、佞倖、日者、龜策等十二列傳二十九是也。惟年表第五至第九當是褚先生補，餘皆非才妄續，説詳各篇下。

〔一〕元年（五）〔四〕月　據左傳隱公元年文改。

〔二〕隱公三年（正）〔二〕月　據左傳隱公三年經文改。

〔三〕保章氏鄭（志）〔注〕　從十三經注疏周禮注疏改。

〔四〕 梅（頤）〔賾〕 「頤」訛，逕改。

〔五〕 高宗（彤）〔肜〕日 據史記殷本紀改。

史記探源卷二　十二本紀

五帝本紀第一

案：太史公自序曰「述陶唐以來，至于麟止」，然則此紀之録本當爲陶唐本紀，與夏、殷、周、秦本紀一例，而上系黃帝，下兼虞舜，猶周本紀上系后稷、下統武王之比。且世家始泰伯，列傳始伯夷，表讓德也，是則本紀始陶唐，又可比例而得者。後人改爲五帝本紀，遂增自序篇末云「述歷黃帝以來，至太初而訖」，顯與「述陶唐以來，至于麟止」之言相抵牾。由是增竄全書者，至太初不足，至征和、後元復不足，下及昭、宣、元、成之世，此淮南子所謂鑿一孔而開百隙者矣。

節用水火材物接黃帝二十五子

案：各本中云「有土德之瑞，故號黃帝」。此非太史公言也。是時尚無五德之説，詳序證五德節。然則「黃」字之義何居？曰：白虎通義號篇曰：「黃者，中和之色，自然之性，萬事不易。黃帝始作制，得其中和，故稱黃帝也。」謚篇曰：「黃帝始制法度，得道之中，名『黃』，自然也。後世雖聖亦得稱帝，不能立制作之時，故不得稱『黃』也。」然則黃帝稱「黃」，豈與蒼、赤、白、黑爲輩乎？土德之言，依三統歷竄入也。今正。

嫘祖爲黄帝正妃，生二子，其後皆有天下。其一曰玄囂，是爲青陽；其二曰昌意○黄帝崩，其孫昌意之子高陽立，是爲帝顓頊○自玄囂與蟜極，皆不得在位

案：此文出自五帝德、帝繫姓孔子答宰我之言也。漢書律歷志曰：「春秋傳言，『郯子據少昊受黄帝，黄帝受炎帝』，『炎帝氏没，黄帝氏作。火生土，故爲土德。』帝德考曰『少昊曰清。清者，黄帝之子清陽也』，『土生金，故爲金德。』春秋外傳曰『少昊之衰，九黎亂德，顓頊受之。』」王莽傳曰「予惟黄帝、帝少昊、帝顓頊」云云，乃言少昊卽帝位於黄帝、顓頊之間，且以少昊爲清陽，並與此紀言「顓頊繼黄帝，玄囂爲青陽，不得在位」意異。又見於王莽傳，明是劉歆所作，爲莽以土德應受漢禪之張本，而少昊實無其人也。賈逵曰：「五經家皆言顓頊代黄帝，左氏以爲少昊代黄帝，卽圖讖所謂帝宣也。」然則少昊之名出自圖讖，圖讖出自哀章，哀章仍受意於劉歆者也。少昊子虛，則少昊之子重、該、修、熙、冥也，左昭二十九年傳窮奇也，文十八年傳及舜本紀亦皆烏有先生而已。

帝堯者名曰放勳

案：各本無「名曰」二字，脱也。今依舜本紀「名曰重華」、夏本紀「名曰文命」補。彼有「名曰」二字，此不當無也。此「名」字非「自命也」之名，猶號也，謚也。文選洞簫賦「幸得謚爲洞簫兮」，彼假謚爲名，猶此假名爲謚也。是時雖無謚法，而有其意。堯、舜、禹皆名，放勳、重華、文命，猶後世之徽號

也。集解以堯、舜、禹爲謚，則論語「堯曰『咨爾舜』」，尚書「舜曰『禹，女平水土』」，豈生而有謚耶？舜、禹皆名，則堯可知矣。

日中星鳥

案：尚書僞孔傳曰：「鳥，南方朱鳥七宿也。」疏曰：「四方皆有七宿，各成一形。東方龍形，西方虎形，南方鳥形，北方龜形。此經舉宿，爲文不類。春言星鳥，總舉七宿；夏言星火，獨指房、心、虛、昴，惟舉一宿。文不同者，互相通也。」此言小誤，若是則總舉七宿，四時皆可，何獨於春，自有惟宜於春之故。蓋火爲十二次之一，若春亦舉其一次，乃爲鶉火，與三方之一名者不同；虛、昴皆七星之中，若春亦舉中星，當曰「日中星星」，二字同文，又與三時星名不類，故曰「星鳥」。此見古人修辭之誠。

歲三百六十六日

案：尚書作「三百有六旬有六日」。上下皆言日數，中舉旬數，文奧難曉，若順文解之，直似三千六百六日矣。故太史公易之如此。

以閏月正四時

案：漢書律歷志曰：「陽歷者，先朔月生；陰歷者，朔而後月生。」今案：先朔月生者，以二十四氣定歲也；朔而後月生者，分閏成歲也。堯時置閏，始用陰歷；帝嚳以前尚用陽歷。孔子稱堯曰：「煥乎其有文章。」此亦文化漸進之端也。

似恭漫天○洪水滔天

案：列子天瑞篇曰：「天積氣耳，亡處亡氣，若屈伸呼吸，終日在天中行止。」張湛注：「自地而上，則皆天矣。故俯仰喘息未始離天也。」荀子不苟篇曰「天地比」。楊倞注曰：「天無實形，地之上空虛者，皆天也。」此二「天」字之義，正復當爾，猶言到處皆然也。自來注尚書及史記者，皆未見及此。

堯使舜入山林川澤，暴風雷雨，舜行不迷

案：尚書作「納于大麓」。伏生大傳曰「納之大麓之野」。野卽山林川澤也。此今文說也。王充論衡正說篇曰：「試之於職，復令人庶之野，而觀其聖。」吉驗篇曰：「堯使舜入大麓之野，虎狼不搏，蝮蛇不噬，逢烈風疾雨，行不迷惑。」應劭風俗通義山澤篇曰：「堯禪舜，納于大麓。」麓屬于山者也。此皆所以發明今文說也。漢書王莽傳：張竦稱莽功德曰：「比三世爲三公，再奉送大行，秉冢宰職，填國家，四方輻奏，靡不得所。書曰：『納于大麓，烈風雷雨弗迷』，公之謂矣。」又莽曰：「予前在大麓。」論衡正說篇：「尚書曰：『入于大麓，烈風雷雨不迷。』言大錄三公之位，居一公之位，大總錄二公之事，衆多並吉，若疾風大雨。」王肅注尚書曰：「麓，錄也。」是古文家改「山足曰麓」之義爲大錄

萬幾之政，爲王莽居攝而作也。鄭注大傳，乃合「山足曰麓」、「麓，録也」二義而總釋之，此合古今文説而一之也。猶之五行傳「思心之不容」，鄭注：「容，當爲『睿』。睿，通也。」此用古文改今文也。段氏古文尚書撰異不達此義，乃至倒認今古，不思野非山林川澤之謂乎？史記本自大傳，此豈古文説乎？

舜讓於德不懌

集解：「徐廣曰：『今文尚書作「不怡」。怡，懌也』。」索隱：「古文作『不嗣』，今文作『不怡』。怡，即懌也，謂辭讓於德不堪，所以心意不悦懌也。」

案：漢書王莽傳：陳崇奏曰：「將爲皇帝定立妃后，有司上名，公女爲首。公事事謙退，動而固辭。書曰『舜讓於德不嗣』，公之謂矣。」是古文家改「不怡」爲「不嗣」，爲莽辭讓納女爲后而作也。撰異曰：「後漢書班固傳典引曰：『有于德不台，淵穆之讓。』章懷太子注：『前書曰：「舜讓于德不台。」音義曰：「台讀曰嗣。」』玉裁案云：前書者，王莽傳文，竦奏用今文尚書也。俗本依古文改爲『不嗣』，而師古不辨。」適案：章懷所見漢書作「不台」，轉是後人依今文而改。師古所見，方是原本。惟作「不嗣」，乃爲謙退固辭之證，即章懷注「台讀曰嗣」下，亦引「光武即位，固辭至於再三」之文，足與竦奏相印證。若竦奏從今文作「不台」，則於上文謙退固辭意轉不相屬矣。然莽傳固當作「不嗣」，堯典自當作「不怡」。「不怡」者，將受終于文祖，而懼不勝任也。若不敢嗣帝位，又何以受終文祖乎？

益可見古文尚書乃歆爲莽作，故於本經義多穿鑿附會也。

文祖者，堯太祖也

集解：「鄭曰：『文祖者，五府之大名，猶周之明堂。』」索隱：「尚書帝命驗曰：『五府，五帝之廟。蒼曰靈府，赤曰文祖，黄曰神斗，白曰顯紀，黑曰玄矩。』」

案：撰異曰：「堯太祖，蓋謂黄帝。集解引鄭注解之，相去萬里。」此説是也。五天帝之説，自五人帝而生，皆以五德配五色，古文家始有此言。緯書復爲五天帝造名，春秋文燿鉤曰：「蒼曰靈威仰，赤曰赤熛怒，黄曰含樞紐，白曰白招拒，黑曰汁光紀。」與尚書帝命驗文小異。緯書出哀、平間，與古文經、傳同時，皆劉歆與所徵千數人作。殷、周本紀雖有吞卵、踐跡之言，不謂契爲白帝子，稷爲蒼帝子也，豈應以文祖爲赤帝乎？鄭謂赤帝乃天帝也，古文説。此謂黄帝乃人帝也，今文説。裴、馬之解，援古亂今矣。

五玉

集解：「鄭曰：『即五瑞也。執之曰瑞，陳列曰玉。』」

案：鄭君兼注今古文者，白虎通引亦作「五玉」，此今文也。漢書郊祀志亦劉歆作，故作「五樂」。師古曰：「五樂謂春則琴瑟，夏則笙竽，季夏則鼓，秋則鐘，冬則磬。」此古文説也。

明試以功，車服以庸接象以典刑，流宥五刑

案：上言賞功，下言罰罪，文相承接，豈不甚明！各本中有「肇十有二州，決川」二句，遂致賞罰之辭從中截斷，此必古文家插入也。集解：「馬融曰：『禹平水土，置九州。舜以冀州之北廣大，分置并州。燕、齊遼遠，分燕置幽州，分齊爲營州。於是爲十二州。』」適案：禹貢九州：冀、青、徐、兗、豫、揚、荆、雍、梁也。周官職方氏無徐、梁而有幽、并；爾雅釋地無青、梁，而有幽、營；是幽、并、營三州。周官、爾雅以易禹貢之青、徐、梁也。漢書武帝紀「元封五年，初置刺史部十三州」。地理志：「武帝攘卻胡、越，開地斥境，南置交阯，北置朔方之州，兼徐、梁、幽、并之制，改雍曰涼，改梁曰益，凡十三部。」然則既增幽、并、營，仍不廢徐、梁、雍，自武帝時始爾。王莽傳：「漢家地廣二帝三王，凡十二州。州名及界，多不應經義。堯典十有二州，後定爲九州。漢家廓地遼遠，不可爲九。謹以經義正十二州名分界，以應正始。」今案武帝紀、地理志皆云漢置十三州，則莽傳謂漢凡十二州，當是十三州之譌。故謂之不應經義，而以十二州爲應經義。然十二州亦本無此經義也，乃撰「肇十有二州，封十有二山，濬川」三句，竄入堯典以張其本。又竄其說入大傳，改「肇」爲「兆」。鄭注：「兆，域也，爲營域以祭十二州之分星也。十有二山，十有二州之鎮也。」案：分星說見序證分野節，分野亦十二，正與州數相應，州各有鎮山，亦與職方氏相應，皆可見其爲劉歆作，乃去「封十有二山」句而竄入此紀也。今刪。

四嶽咸薦舜，曰可接舜耕歷山至三年成都接於是堯乃以二女妻舜至堯九男皆益篤接堯乃賜舜絺衣與琴

案：「三年成都」以上皆「四嶽薦舜」之辭，故堯遂以二女妻之，使九男事之，以觀其內外也。各本「於是堯乃以二女妻舜」至「九男皆益篤」一節，在「舜耕歷山」句上，豈舜尚無所表見，堯遂妻以二女乎？又豈舜居嬀汭後復親耕稼陶漁之業乎？此必文有倒亂也。今訂。

乃試舜五典，百官皆治接入于大麓

案：各本中言舉十六族，去四凶事，於上下文義多乖異，此後人據左文十八年傳竄入也。其曰「舜舉『八愷』使主后土，舉『八元』使主五教」，然則下云「禹平水土，契敷五教」何爲？索隱謂禹在「八愷」之中，契在「八元」之數。適案：禹、契名列九官，卽以庭堅當皋陶，餘十三族皆不得與，何也？杜注左傳以垂、益、禹、皋陶之倫當「八愷」，以稷、契、朱虎、熊羆之倫當「八元」，然於元、愷之數復遺其半，且蒼舒、隤敳、仲堪、叔獻諸人於堯典人名終無可比附，乖異者一。「八愷」爲高陽氏子，稱之曰「世濟其美」；檮杌爲顓頊氏子，左傳曰「世濟其凶」。顓頊卽高陽也。言「八愷」則世德本自高陽，言檮杌則顓頊亦爲凶父，豈吉德凶德備於顓頊一身乎？乖異者二。「八元」爲高辛氏子，左傳稱其名，有伯奮、季仲、伯虎、季貍；昭元年傳及鄭世家曰高辛氏有二子，伯曰閼伯，季曰實沈。然則高辛氏既生摯、堯、稷、契，見夏、殷本紀又生「八元」，復生閼伯、實沈。閼伯視伯奮、伯虎，究孰爲

伯？實沈視季仲、季貍，究孰爲季乎？摯、堯、稷、契伯乎，仲乎，叔乎，季乎？乖異者三。然則舜舉十六族，殆亦堯得伯陽、續耳、見吕氏春秋禹得横革、直成見荀子之比，後儒不能舉之與堯典人名相比附，此何以異之。且渾沌、窮奇、檮杌、饕餮亦與讙兜、共工、鯀、三苗名義不類。左傳疏曰「此傳安慰宣公，故言不能去，辭各有爲，情頗增甚，學者不可卽以爲實」，則孔穎達輩固知其爲寓言矣。然左傳不舉堯典，上下文猶相屬，此文兼之，乖異者四。又云「舜賓於四門，乃流四凶族，於是四門辟，言無凶人也。」案：堯本紀曰：「賓於四門，諸侯遠方賓客，皆敬。」同一「賓於四門」句，於彼訓爲「敬禮賓客」，於此解作「擯棄凶人」，乖異者五。此必妄人竄入也，今删。

命十二牧

案：此卽大傳所謂「四嶽」、「八伯」也。白虎通封公侯篇曰：「唐、虞謂之『牧』何？尚質。使大夫往來牧諸侯，旁立三人，凡十二人。尚書曰：『咨十有二牧。』」案：此似漢刺史監太守之制，然不曰十二州之牧，亦可見今文尚書無「肇十有二州，封十有二山」之文也。不然，以十二州之牧釋之，豈不甚便，何待蔡傳哉？

黎民始饑

集解：「徐廣曰：『今文尚書作「祖饑」。』祖，始也。」

撰異曰：「漢書食貨志『舜命后稷，以黎民祖饑』。孟康注：『祖，始也。古文言「阻」。』周頌思文鄭箋：『昔堯遭洪水，黎民阻饑。』正義引注曰：『阻讀曰俎。阻，戹也。』蓋壁中故書作『俎』，故鄭云：『俎讀曰阻。阻，戹也。』學者既改經文作『阻』，則注文不可通，乃倒之曰『阻讀曰俎』。經書此類甚多。」

五流有度，五度三居

正義：「度音徒洛反。謂度其遠近，爲三等之居也。」

案：此今文尚書也。古文尚書作「五流有宅，五宅三居」。王制注引之，正義引鄭注曰：「宅讀曰咤。懲刈之器，謂五刑之流皆有器懲刈。」知作「宅」爲古文，作「度」爲今文者，尚書「三危既宅」，夏本紀作「既度」；「是降邱宅土」，風俗通作「度土」，此其例也。

女二十有二人

集解：「馬融曰：『稷、契、皐陶皆居官久，有成功，但述而美之，無所復勑。禹及垂已下皆初命，凡六人，與上十二牧、四嶽，凡二十二人。』」

案：二十二人之數，可如是之任意棄取乎？四岳乃薦舜者，豈亦居官未久，待舜而始勑命乎？上云「禹、皐陶、契、后稷、伯夷、夔、龍、垂、益、彭祖自堯時而皆舉用，未有分職。」適案：自禹至彭祖共爲十人，加以十二牧，乃爲二十二人也。

舜年二十以孝聞，年三十堯舉之，年五十攝行天子事，年五十八堯崩，年六十一代堯踐帝位。踐帝位三十九年，南巡狩，崩於蒼梧之野

案：此今文尚書說也。今文尚書作「舜生三十徵庸，二十在位，五十載陟方乃死」。此云「年三十堯舉之」，卽所謂「三十徵庸」也。「年五十攝行天子事」，卽上文所謂「舜得舉用事二十年，而堯使攝政」，尚書所謂「二十在位」也。「年五十八堯崩，年六十一代堯踐帝位」，卽上文所謂「攝政八年而堯崩，三年喪畢，讓丹朱，天下歸舜」也。「踐帝位三十九年崩」，卽尚書所謂「五十載陟方乃死」。自攝政八年，居喪三年，在位三十九年，合爲五十載也。孔疏：「鄭讀此經，云『舜生三十』，謂生三十年也。『登庸二十』，謂歷試二十年。『在位五十載，陟方乃死』，謂攝位至死爲五十年，舜年一百歲也。」適案：鄭讀「三十」、「二十」句絕，雖與此異，然不作「登庸三十」，而云「二十」，義與此同。段氏謂「鄭君以今文正古文」是也。古文尚書乃作「三十在位」。王肅注曰：「歷試二年，攝位二十八年。」又注「五十載陟方乃死」云：「三十徵庸，三十在位，服喪三年，其一在三十之數，爲天子五十年，凡壽百一十二歲。」王肅注卽僞孔傳，釋文云：「梅（頤）〔賾〕上孔氏傳古文尚書，〔亡〕舜典一篇。以王肅注頗類孔傳，故取王注從『愼徽五典』以下爲舜典，以續孔傳。」適案：王肅亦傳古文尚書者，則作「三十在位」是古文，而此注爲古文說也。本紀異是，則非古文說。凡太史公所錄堯典，今可攷定其非古文說者三：入山林川澤，一也；堯太祖，二也；并此而三矣。文與古文義異，

無由從古文說者四：不懌也，五玉也，始饑也，有度、五度也。凡七，而從古文說者無一焉，亦可雪「多古文說」之誣矣。

太史公曰

正義：「太史公，司馬遷自謂也。自序『太史公曰先人有言』，又云『太史公曰余聞之董生』，又云『太史公遭李陵之禍』。明太史公，司馬遷自號也。遷爲太史公官，題贊首也。虞喜云：『古者主天官者皆上公，非獨遷。』」

案：自序云：「談爲太史公。」索隱曰：「『公』者，遷所著書尊其父云『公』也。」自序又云：「有子曰遷。」又曰：「太史公卒三歲而遷爲太史令。」是則遷稱其父曰「太史公」，自稱其官曰「太史令」，故漢書律歷志、後漢書班彪傳皆稱遷爲太史令，豈其官名「太史公」哉？漢書百官表，太史令爲太常屬官，秩六百石耳，虞喜以爲上公，謬矣。自序「太史公曰先人有言」以下，凡遷自稱亦作「太史公」者，後人不達此爲遷尊其父之稱，從而改之爾。各篇贊語亦然。但此稱相沿已久，且尊而公之，敬禮先哲，亦所宜然，故今亦仍其舊云。

長老皆各往往稱黃帝、堯、舜之處，風教固殊焉接予觀春秋、國語，其發明五帝德、帝繫姓章矣接非好學深思云云

案：各本「殊焉」下有「不離於古文者」句，古文不繫何經，不成語矣，詳序證古文節。「彰矣」下「顧

弟弗深考」四句，辭似叠床架屋，意如斷港絶流，此豈太史公語乎？或曰：國語楚語亦有「少昊」，與五帝德、帝繫姓乖異，此何以謂之發明？曰：此謂魯語黃帝正名百物，顓頊能修之，帝嚳能序三辰，堯能單均刑法，舜勤民事而言，其文真出左邱明。若楚語有「少昊」，乃劉歆竄入也，今刪。

夏本紀第二

夏禹

集解：「謚法曰：『受禪成功曰禹。』」

案：此言謬矣。禹之本義爲蟲名，猶鯀之本義爲魚名，夔、龍、朱虎、熊羆之本義爲毛蟲、甲蟲之名也。受禪成功，乃禹之勳業，豈「禹」之字義乎？若「禹」是謚，則「鯀」亦謚也，又將曰「方命圮族曰鯀」乎？

均江海

集解：「鄭曰：『均讀曰沿。沿，顺水行也。』」

案：作「均」者，今文尚書也，古文尚書作「沿于江海」。撰異曰：「釋文曰：『沿，鄭本作「松」，「松」當爲「沿」。馬本作「均」，云：「平也。」』馬本依今文尚書也。鄭本作「松」。「松」者，「沿」之字誤，故云當爲「沿」。此古文轉寫，以「木」、「水」淆溷，「公」、「㕣」不分，而鄭正之。裴所據與陸異者，當云

「均」，鄭本作『松』，『松』讀曰沿」乃合，今本誤也。

雲夢土

案：此今文尚書也。古文尚書作「雲土夢」。索隱單行本大書「雲土夢」三字，小注云：「雲土、夢，二澤名。」引韋昭云：「雲土，今爲縣，屬江夏。」解之曰：「地理志江夏有雲杜縣，是其地也。」是則雲杜縣出地理志，地理志有分野語，亦古文學也。經有古文，縣有雲杜，皆始於漢。夏禹時無雲杜縣，亦猶太史公時無古文經也。地理志從古文經作「雲土夢」，故韋昭云爾。後人據漢書改史記，遂亦作「雲土夢」，小司馬所見本是也。知史記本作「雲夢土」者，秦始皇本紀「三十七年，行至雲夢，望祀虞舜於九疑山」。是秦時尚以「雲夢」爲一地也。司馬相如傳子虛賦曰：「臣聞楚有七澤，嘗見其一，名曰雲夢」，亦以爲一澤之名也。二司馬同時，讀「雲夢」相屬自當同之，其時未有古文，則此讀爲今文也。自小司馬所見本外，皆作「雲夢土」，或依史記訂漢書亦作「雲夢土」，師古曰「雲夢之土可爲畋漁之治」是也。即僞孔安國本古文尚書亦從今文矣，段氏撰異倒認今古，以作「雲夢土」爲今本史記之誤，故不可以不辨。

令天子之國以外，五百里甸服至要服外，五百里荒服

案：此今文尚書說也。五服皆在天子之國外，面三千里，爲方六千里。賈逵、馬融説同。僞孔傳，甸服在天子之國內，加侯、綏、要、荒四服，面二千五百里，爲方五千里。賈、馬雖古文學，然與僞孔

異，與史記同，當是今文説也。後漢書賈逵傳，逵以大夏侯尚書教授，則固兼通今文學矣。凡遷所載禹貢今可攷者：今文説一，卽此是也。今文與古文異義二：「均江海」也，「雲夢土」也。亦無從古文説者。

七始訓

案：各本誤作「來始滑」，今依段氏撰異訂。段氏曰：「漢書律歷志曰：『予欲聞六律、五聲、七始訓。』『訓』字，今本漢書誤作『詠』，隋書律歷志作『訓』，引漢志也。訓，順也。班志曰：『順以歌詠五常之言也。』大傳曰：『定以六律、五聲、八音、七始箸其素。』鄭注：『七始：黃鍾、太蔟、大呂、南呂、姑洗、應鍾、蕤賓也。』禮樂志高祖唐山夫人安世房中歌曰：『七始華始。』孟康曰：『七始，天、地、四時、人之始也。』敍傳曰：『八音、七始，五聲、六律。』劉德曰：『七始，天、地、四時、人之始也。尋七始，卽七政。』大傳曰：『在璇機、玉衡，以齊七政。七政謂春、秋、冬、夏、天文、地理、人道，所以爲政者也，道政而萬事順成。』蓋泛言之爲七政。在樂則爲『七始』。『七始』出於今文尚書。『七』亦作『桼』，太(元)〔玄〕經(元)〔玄〕攡曰：『運諸桼政。』王莽侯鉦銘曰：『重五十桼斤。』桼或誤作『來』。」故此紀舊作「來始滑」。或誤作「采」，故古文尚書作「采政忽」。忽，鄭本作「曶」，云：「曶者，臣見君所秉，書思對命者也。君亦有焉，以出內政，教於五官。」晚出古文更誤作「在治忽」，索隱轉以「采政忽」爲今文。而此文舊作「來始滑」者，來爲「桼」之形誤，滑爲「忽」、「曶」之聲誤也。今正。

予辛壬娶塗山，癸甲生啟

案：楚辭天問王逸注曰：「以辛酉日娶，甲子日去而有啟也。」有啟與生啟同，皆謂孕啟也。尚書「娶于塗山，辛壬癸甲」，謂孕啟之日；「啟呱呱而泣」，指啟乳後而言，各一時事。索隱牽書之「啟呱呱而泣」解此文「癸甲生啟」，謂「豈有辛壬娶妻，經二日生子，不經之甚！」已自不達，擅議先哲，妄甚。

將戰接乃召六卿

案：各本中云「作甘誓」，揆之上下文，此句非不可闕者，後人據書序竄入也，詳序證書序節，下倣此。今刪。

太康失國，昆弟五人，須于洛汭接太康崩

案：各本中云「作五子之歌」，此東晉古文尚書書序語也。楚語：「堯有丹朱，舜有商均，啟有五觀。」韋注：「五觀，太康昆弟也。觀，洛汭之地。」潛夫論五德志曰：「夏后啟子太康、仲康更立，兄弟五人，皆有昏德，不堪帝事，降須洛汭，是謂五觀。」然則「五觀」者，即謂昆弟五人須于洛汭也。漢時書序「須于洛汭」下當有「作五觀」句，晉時「觀」字始以聲轉爲「歌」，段氏以左傳「斟灌」，夏本紀作「斟戈」例之，是也。晚出古文尚書讀「歌」如字，增作「五子之歌」，而作歌五章以當之，復改漢時書

序「作五觀」爲「作五子之歌」。後人又依既改之書序竄入史記，乃成太史公録東晉人語矣，可笑孰甚焉！今删。

是爲帝中康接中康崩

案：各本中言「作胤征」事，亦後人據書序竄入也。今删。

帝相崩，子帝少康立

索隱：「帝相自被篡弑，中間經羿、浞二氏，蓋三數十年。此紀總不言之，疏略之甚。」案：羿、浞代夏之事，太史公録其文於吴世家，而此紀無之，猶韓非傳載鄭武公伐胡事，而鄭世家亦無之，此寓言非實事故也。太史公棄取自有精意，小司馬轉譏其疏略，所謂鷦明已翔乎寥廓，羅者猶視乎藪澤也。

諸侯畔之接孔甲崩

案：各本中敍劉累豢龍事，此劉歆竄入左傳，又竄入此紀也。若太史公時卽有堯後劉累之言，得不爲漢承堯後之説入高祖本紀乎？詳彼篇下。高紀幸未竄亂，而此篇有之，其僞益彰矣。今删。

殷本紀第三

湯始居亳，從先王居接葛伯不祀至無有攸赦接伊尹名阿衡

案：各本「王居」下云「作帝誥，湯征諸侯」、「攸赦」下云「作湯征」，皆後人據書序竄入也。若書序有「湯漁」，今得不於「乃入吾網」下增曰「作湯漁」乎？今删。

伊尹名阿衡

索隱：「孫子兵書：『伊尹名摯。』然解者以『阿衡』爲官名。阿，倚也；衡，平也。亦曰『保衡』。尹，正也，謂湯使之正天下。」

案：尹亦官名，周之師尹，楚之令尹，義即本此。曰「尹」、曰「阿衡」、曰「保衡」，皆以官名名之，而其人名，則曰摯也。

復歸于亳接湯出

案：各本中云：「入自北門，遇女鳩、女房，作女鳩、女房。」從書序竄入，今删。

以告令師接於是湯曰

案：各本中云「作湯誓」，從書序竄入，今删。

夏師敗績接湯乃踐天子位接還亳接維三月

案：各本「敗績」下云「作典寶」、「作夏社」，「踐天子位」下云「中𤳳作誥」，「還亳」下云「作湯誥」，皆

從書序竄入，今刪。

以令諸侯接湯乃改正朔

案：各本中云「伊尹作咸有一德，咎單作明居」，從書序竄入，今刪。

是爲帝太甲接帝太甲既立

案：各本中云「帝太甲元年，伊尹作伊訓，作肆命」，從書序竄入，今刪。

伊尹嘉之接褒帝太甲，稱太宗

案：各本中云「迺作太甲訓三篇」，從書序竄入，今刪。

子沃丁立接沃丁崩

案：各本中云「帝沃丁之時」至「作沃丁」，從書序竄入，今刪。

而祥桑、(穀)〔榖〕枯死而去接殷復興〔二〕

案：各本脫「(穀)〔榖〕」字，今依上文「祥桑、(穀)〔榖〕共生於朝」訂。「而去」二字語冗，疑衍。下云「作咸艾」，「作太戊」，「作原命」。今案：「咸艾」、「原命」從書序竄入，但書序無「太戊」而有「伊陟」，此紀反是，當由竄序入紀者誤脫「伊陟」而別增「太戊」也。今刪。

是爲帝外壬接帝外壬崩

案：各本中云「仲丁書闕不具」，此豈記言之書，而泛語及此。文不列於「仲丁崩」下，而在「帝外壬」下，亦可爲妄竄之證。今删。

是爲帝小辛接帝小辛崩

案：各本中云帝小辛時，「百姓思盤庚，迺作盤庚三篇」，與上文「盤庚誥諭」云云，其文爲盤庚自作，意相衝決，其爲竄入無疑。今删。

號曰傅説

案：此下不曰「作説命」，與管蔡世家「是爲蔡仲」下不曰「作蔡仲之命」，幸未據書序竄入也。而書序之有「説命」，有「蔡仲之命」，正因此文與世家封蔡仲事而附會爾。

立其廟爲高宗接帝祖庚崩

案：各本中云「作高宗(彤)〔肜〕日及訓」。「高宗(彤)〔肜〕日」上既録其文矣，不當復録其篇名，詳序證書序節。上文係祖己親對武丁語，此謂武丁崩後作，亦自相衝決，可爲妄人竄入之證。今删。

太師、少師乃持其樂器奔周

案：各本「樂器」二字上有「祭」字，衍也。持祭器者，微子也，見宋世家。太師、少師但持樂器奔周，見周本紀。此「祭」字因宋世家而衍也，今正。

孔子以殷路爲善止

案：各本作「孔子曰，殷路車爲善，而色尚白」。「曰」字誤。車卽路也；「色尚白」，紀已言之，此何復言，皆衍文也。今正。

〔一〕 梅（頤）〔賾〕 「頤」訛，逕改。

〔二〕 （轂）〔穀〕 「轂」訛，逕改。

周本紀第四

后稷卒，子不窋立至生昌

案：夏本紀自禹至桀十七王，及王三，則爲十四世。殷本紀自契至湯亦十四世，自湯至紂二十九王，及王十，則爲十九世，合計自契至紂爲三十二世。而周自后稷至文王尚止十五世，歷千餘年矣，世世年踰七十乃生子乎？但此紀世次既詳，國語亦曰：「自后稷之始基靖民，十五王而文始平之，十八王而康克安之。」與此紀合，似當無誤。

詩人道西伯，蓋受命之年稱王而斷虞、芮之訟。後七年而崩，謚爲文王。改法度，制正朔矣。追尊古公爲太王，公季爲王季

正義：「易緯云：『文王受命，改正朔，(有)〔布〕王號於天下。』〔一〕鄭氏信而用之。若文王自稱王，則是功業成矣，武王何復得云『大勳未集』？禮記大傳云：『追王太王亶父、王季歷、文王昌。』據此文是追王爲王，何得文王自稱王也？」

案：文王稱王之義，經有明徵。一徵之易，升之四曰：「王用亨于岐山。」益之二曰：「王用亨于帝。」亨

帝之王，即亨岐山之王也。岐山者，文王之都會也。亨帝者，郊祭天也。王制云：「天子祭天地。」董仲舒春秋繁露四祭篇曰：「已受命而王，必先祭天，乃行王事，文王之伐崇是也。」詩曰：「濟濟辟王，左右奉璋。」此文王之郊辭也。是郊天實王者事，文王不稱王，何爲郊天？再徵之詩大雅皇矣篇，述文王伐崇之事而曰「是類是禡」。虞書曰：「肆類于上帝。」王制曰：「天子將出征，類乎上帝，禡於所征之地。」是「類」、「禡」者，天子之祭名，文王不稱王何爲類、禡哉？三徵之春秋「元年春王正月」。傳曰：「元年者何？君之始年也。王者孰謂？謂文王也。曷爲先言王而後言正月？王正月也。」即此所謂受命稱王、制正朔矣，固屬之文王也。四徵之孟子曰：「以德行仁者王，王不待大。湯以七十里，文王以百里。」又曰：「且以文王之德，百年而後崩。」又曰：「文王亦一怒而安天下之民。」夫曰「王」、曰「崩」、曰「安天下之民」，豈所施於未建王號者乎？惟論語「三分天下有其二，以服事殷」，似可爲文王未稱王之證。然古論爾耳，魯論異是，呂氏春秋古樂篇高注云：「論語曰：『文王爲西伯，三分天下有其二，以服事殷。』」則高誘所見論語「三分天下」句上有「文王爲西伯」句也。何氏集解：「包咸曰：『殷紂淫亂，文王爲西伯而有聖德，天下歸周者三分有二，而猶以服事殷。』」據此注惟「殷紂」句乃述經文之緣起，「文王」句亦是引經，不然何與高氏引經無一字差別耶？是包氏所見論語「三分天下」句上亦有「文王爲西伯」句也。文王享國五十年，在西伯位四十三年，即王位七年。三分天下有其二以服事殷者，專自在西伯位言之，不兼改元稱王後言也。改元之六年，助紂爲虐之崇侯虎，文王已伐取其國矣。雖欲事殷，豈可得耶？天下所歸往之謂王，謂朝覲訟獄所歸也。故文王斷虞、芮之訟爲受命稱王之元年。韓太傅、毛公、王肅之說皆同，不惟鄭君也。張守節所引以駁史記者，乃東晉所出僞古文尚書及禮記大傳言追王雖及文王，然中庸止於王季，豈非文王已早稱王不待追王耶？此義也自魏以前盡人所知，自宋以後知者絕少，故詳據以申明之。

九年，武王上祭于畢

正義：「尚書武成篇云：『我文考文王，誕膺天命，惟九年，大統未集。』太誓序云：『惟十有一年，武王伐殷。』太誓云：『惟十有三年，大會于孟津。』案：文王受命九年而崩，十一年武王服闋，觀兵孟津，十三年克紂。太史公與尚書違，甚疏矣。」

案：此所引尚書皆僞古文，遂致自文王崩，至武王觀兵伐紂，皆差二年，不足據也。大傳曰：「文王受命一年斷虞、芮之訟，二年伐邘，三年伐密須，四年伐犬夷，五年伐耆，六年伐崇，七年而崩。」此紀上文敘所伐之國，雖視大傳互有先後，其謂「七年而崩」則同。七年以前無歲不征，若九年而崩，何以末二年無事可考？豈前七年日不暇給，後二年耄倦于勤乎？且惟七年而崩，故武王三年喪畢，上祭于畢，則爲九年，居二年師渡孟津，則爲十一年，克殷後二年訪洪範於箕子，則爲十三年也。

有火自上復于下，至于王屋，流爲烏，其色赤，其聲魄

集解：「鄭曰：『書說云：「烏有孝名。」武王卒父大業，故（鳥）〔烏〕瑞臻。』」〔二〕索隱：「案：今文泰誓『流爲鵰』。鵰，摯鳥也。馬融云：『明武王能伐紂。』」

案：漢書董仲舒傳對策曰：「書曰：『有火復于王屋，流爲烏。』」春秋繁露同類相動篇：「尚書傳曰：『周將興之時，有大赤烏銜穀而集王屋之上。』」詩思文箋：「火流爲烏，五至，以穀俱來。」疏引太誓云：「有火至於王屋，流之爲鵰，五至，以穀俱來。」董生二說皆作「烏」，今文也。詩箋同。孔疏引書作「鵰」則是古文。索隱倒矣。惟繁露引書傳是真烏，餘說皆爲火所幻形。今案：烏能銜穀，必是真烏。繁露仲舒自作，較爲可信，策文不應自相乖異，當是劉歆所改。此亦是也。

武王乃接告于衆庶

案：各本中有「作太誓」三字。「自九年上祭于畢」以下，多出太誓文，與大傳所引略同，至此乃云「作太誓」，是不知上文爲太誓者也，且下録牧誓文，不曰「作牧誓」，則此云「作太誓」，亦可爲妄人竄入之證。今删。

命閎夭封比干之墓接武王追思先聖王，乃褒封神農之後於焦云云

案：各本中敘「作武成」、「作分殷之器物」，從書序竄入，致「封神農、黄帝、堯、舜之後」與上文「釋箕子之囚」、「表商容之閭」、「封比干之墓」等句不接。今删。

自發未生於今六十年

案：大戴禮本亦有文王世子篇，謂文王十五而生武王。小戴記曰「文王九十七而終，武王九十三而終」。是則武王少文王十四歲，文王崩時，武王八十三矣。後二年祭畢，又後二年伐紂，則八十七矣。要不若武王之自言爲可信也。管蔡世家：「武王同母兄弟十人，母曰太姒。」「武王克殷紂，封昆弟，康叔、冉季載皆少，未得封。」然則二人之年，總在二十以內。若克殷時，武王年八十七，太姒亦年十五生武王，則康叔、冉季生時，太姒年踰八十矣。惟武王年甫六十，則太姒生康叔、冉季時不過五十餘歲耳。今婦人年四十餘而生子者多矣，過此十年而乳，宜亦世所或有，究勝於八十餘歲之母，必無生子之理也。齊太公世家：武王卽位，太公望爲師尚父。集解：「劉向别録曰：『師之、尚之、父之，故曰師尚父。』」案：父之者，必其年可爲之父也。蕭望之曰：「侯年寧能父我乎？」此其例也。說苑：「呂望年七十，釣于渭。」案：此後佐文王受命而王，至七年，文王崩，武王卽位，則太公年亦八十餘耳。若武王年與之相若，豈得父之？人年二十，乃有爲父之道。則武王父之，必當少於太公二十，此二者皆可爲克殷後武王年甫六十之證。以邑姜爲太公女，此杜預肊説，不足據。文王世子云：「夢帝與我九齡。」設言聖德上通於穆之理，「九十七」、「九十三」，修辭之例，不得不然，皆非事實。鄭君注禮，未可引此以駁本經，裴駰以下解史記，於此文目若未睹，瞽哉！

以武王少弟封爲衛康叔接周公行政七年

案：各本中云「故初作大誥，次作微子之命，次歸禾，次嘉禾，次康誥、酒誥、梓材」，皆從書序竄入。

今删。歸禾、嘉禾詳序證書序節。康誥以下三篇承「爲衞康叔」而言，然上文「武王問以天道」下不曰「作洪範」，「周公欲代武王」下不曰「作金縢」，則增竄今文篇名，尚未盡備也。作微子之命，承「以微子代殷後」而言，然殷本紀「號曰傅説」下不曰「作説命」，管蔡世家「是爲蔡仲」下不曰「作蔡仲之命」，則增竄古文篇名，亦有遺漏也。益可爲彼皆原文，而凡曰作某篇者，皆後人竄入之證也。

四方入貢道里均接**成王將崩**

案：各本中云「作召誥、洛誥」，「作多士、無佚」，「作多方」，「作周官」，「作賄息愼之命」，皆從書序竄入。今删。「召公爲保，周公爲師」二句，本君奭序文，此在「東伐淮夷」上，亦足爲疏舛之證。「遷其君薄姑」下不曰「作薄姑」，此增竄後亦有遺脱也。

成王既崩接**太子釗**接**立**

案：各本「既崩」下敍「作顧命」之意，篇名出自書序，而文有妄增。「太子釗」下因增「遂」字。今正。尚書：二公申誥康王，但曰「畢協賞罰，張皇六師」而已，此云「務在節儉，毋多欲，以篤信臨之」，與顧命文意不合，是以狗皮補狐裘也。

是爲康王接**成、康之際**

案：各本中言「作康誥」，書序有康王之誥篇名，馬、鄭、王割顧命「王若曰」以下爲之，僞孔「分諸侯出廟門俟」以下爲之，太史公時豈知有此篇名耶？據書序以竄入史記，又説「王之」二字，遂有兩康誥矣。今删。

刑錯四十餘年不用接康王崩至昭王南巡狩，不返，崩於江上接立昭王子滿

案：各本「不用」下敍「作畢命」之事，亦從書序竄入。二王之崩皆書「卒」，「江上」句下云「其卒不赴告，諱之也」。此襲左氏之例，而又失其本意者也。左氏稱「不赴告」，爲不書於春秋發也。昭王在春秋前，此書「不赴告」，於義無所繫屬，一也。左氏釋春秋之例，有諱弒而書卒者，無諱卒而不赴者，此謂諱卒，二也。左氏「赴」與「卒」連文，皆謂諸侯耳，未有書天王卒者，此文施之天王，三也。此由不通左例而竊取其例以敍昭王並及康王，遂成不可思議之巨謬，所謂非才妄續也。今删。

春秋已五十矣接穆王將征犬戎

案：各本中云「王道衰微，作臩命。復寧。」豈天下安危，空言所能挽回乎？篇名從書序竄入，妄增「復寧」二字。今删。

甫侯言於王接修刑辟

案：各本中有「作」字，從書序竄入。今删。「修」謂「修刑辟」，甫侯之言也。「作」即「作吕刑」之

「作」，序書者之言也，故知非史記本文。

召公、周公二相行政，號曰「共和」

索隱：「共音如字。若汲冢紀年則云『共伯干王位』。共音恭。共，國；伯，爵。言共伯攝王政，故云干王位也。」

案：莊子讓王篇曰：「故許由娛於潁陽，而共伯得乎共首。」此與子州支父、石户之農等名相類，皆子虚烏有也。呂氏春秋開春論曰：「共伯和修其行。」高誘注曰：「夏時諸侯也。」是則共伯和縱有其人，不在周世，古今人表、竹書紀年始以爲周厲王時人。人表有少昊之屬，亦出劉歆，竹書乃魏、晉間人所作，皆不足信。日知録轉據之以駁史記，其時一切僞古書之案未破故也。

襄王十三年，鄭伐滑接十四年，叔帶歸于周

案：各本叔帶節在十二年，誤也，今依年表及左傳正。

三十三年，襄王崩

案：各本誤作「三十二年」，今依年表及春秋正。

四十三年，敬王崩

案：各本誤作「四十二年」，今依年表訂。是年，歲在甲子，紀元乃在壬午。集解：「徐廣曰：『皇甫謐曰：「敬王四十四年，元己卯，崩壬戌也。』」適案：己卯實景王二十三年，壬戌乃敬王四十一年。皇甫謐減去景王三年，爲增敬王一年、定王二年地也。詳下。

子元王仁立

集解：「徐廣曰：『世本云貞王介也。』」

元王八年崩，子定王介立

集解：「徐廣曰：『世本云元王赤也。』皇甫謐曰：『元王二十八年崩，三子爭立，立應爲貞定王。』」索隱：「世本云元王赤，皇甫謐云貞定王。考據二文，則是元有兩名，一名仁，一名赤。如史記，則元王爲定王父，定王卽貞王也；依世本，則元王是貞王子。必有一誤。然此『定』當爲『貞』字誤耳，豈周家有兩定王，代數又非遠乎？皇甫謐彌縫史記、世本之錯謬，因謂爲貞定王，未爲得也。」

二十八年，定王崩

集解：「徐廣曰：『皇甫謐曰：「貞定王十年，元癸亥，崩壬申也。」』」

案：元王、定王，世本於史記，互倒其父子，又改「定」爲「貞」。皇甫謐合之爲「貞定」，雖不互倒其父子，乃互倒其年數，增元王之八年爲二十八年，減定王之二十八年爲十年。但合二王計之，猶羨二年，故又增敬王一年，而減景王三年以符之。然貞定十年，既承元王二十八年之後，而元癸亥，乃上承敬王崩壬戌，悖謬甚矣。司馬貞是「貞」而非「定」，疑周不當有兩定王，則不記宋有兩昭公，衞有兩莊公，晉有文侯仇，復有文公重耳乎！且兩定王相去中有簡、靈、景、敬、元五王，代數又不可謂非遠也。

後七歲，秦莊襄王滅東周

案：各本作「滅東、西周」。「西」字涉下文而衍，今依年表正。西周前七歲亡矣，是歲復滅東周，故下云東、西周皆入于秦也。

東、西周皆入于秦，周既不祀

案：秦本紀：莊襄王元年，東周君與諸侯謀伐秦，秦使相國呂不韋誅之，盡入其國。秦不絕其祀，以陽人地賜周君，奉其祭祀。然則莊襄王滅東周時未絕其祀也。至始皇二十六年，盡滅六國，除封建爲郡縣，諸子功臣且不得尺寸封，何論前代。賜周陽人地，當復入于秦，不得奉其祭祀矣。此云不祀，終言之也。

太史公曰至畢在鎬東南杜中止

案：下云「秦滅周。漢興九十有餘載，天子將封泰山，東巡狩至河南，求周苗裔，封其後嘉三十里地，號曰周子南君。」此後人從漢書武帝紀元鼎四年詔書竄入也。太史公述事至于麟止，豈得及後十年事。且嘉得封，則周復祀，與上文云「周既不祀」非一人之言明矣。今删。

秦本紀第五

徐偃王作亂，造父爲繆王御

正義：「古史攷云：『徐偃王與楚文王同時，去周繆王遠矣。』」

案：後漢書東夷傳謂周穆王命楚文王伐徐偃王，滅之。直以爲楚文王與周穆王同時，雖欲爲二史作調人，其如世次太遠何？今案：楚世家無文王伐徐事，入春秋後，徐夷甚微，安得有稱王而朝三十六國之事？常武之詩曰「徐方繹騷」，曰「濯征徐國」，曰「徐方來庭」。可見徐夷之亂在春秋前，宣王時特其餘燄，穆王時乃爲極盛，此事亦載於趙世家，亦足爲此紀之證。正義引異説以駁本師，蠹生於木而寇木矣。

襄公乃用駵駒、黄牛、羝羊各三，祠上帝西畤○德公祠鄜畤○宣公作密畤

案：本紀但載此三畤，惟於初言畤曰「祠上帝」，則築畤之地殊耳，所祠之帝一也。封禪書曰：「襄公自以爲主少皞之神，作西畤，祠白帝。文公作鄜畤，郊祭白帝。宣公作密畤於渭南，祭青帝。」則畤名同，而帝有青、白之異矣。下云「靈公作吴陽上畤，祭黄帝；作下畤，祭炎帝；獻公作畦畤櫟陽而祀白帝」。則又增三畤，加二帝矣。皆於此紀如駢拇枝指。且少皞爲人帝，此紀云上帝。周官大宗

伯「牲璧皆如其方之色」，然則襄公若祠白帝不當用騮駒、黃牛。封禪書所言，乖謬特甚。此劉歆所撰，詳序證五德節及封禪書下。後人據封禪書以改年表，詳年表。集解引誤改之年表注此紀「西時」，正義亦引五色帝之說以注「密時」，故詳駁之。

惠文君四年，魏君爲王

案：各本作「齊、魏爲王」，誤也。年表是年爲周顯王三十五年，魏襄王元年，與諸侯相王，魏世家同，皆與此合。田敬仲世家：威王二十六年稱王，與年表同，當周顯王十六年，前此十九年矣！何待此年？此衍「齊」字而脱「君」字也，今正。

十三年四月戊午，君爲王接使張儀伐取陝

案：監本誤作「魏君爲王」。汲古閣本、年表無「魏」字，是也。謂惠文君稱王爾，故上文皆稱君，下文皆稱王。周本紀：「顯王四十四年，秦惠王稱王。」正義：「秦本紀云：『惠王十三年，與韓、魏、趙並稱王。』」楚世家：「(威)〔懷〕王四年，〔三〕秦惠王稱王。」田敬仲完世家：「宣王十八年，秦惠王稱王。」張儀傳：「秦惠王十年爲相，相秦四歲，立惠王爲王。」皆卽惠王十三年也。此「魏」字與下文「韓亦稱王」句皆衍，今正。韓稱王，世家謂在宣王十一年，年表在十年，卽周顯王四十六年，後此二年也。

昭襄王二十九年，白起爲武安君

正義：「言能撫養軍士，戰必剋，得百姓安集，故號武安。故城在潞州武安縣西南五十里，七國時趙邑。」

案：此名號侯之濫觴也。名號侯之名，始自魏志武帝紀，裴注以爲今之虚封。今案：無封邑，但有名號而已。七國時或有封邑而别爲名號，如趙以尉文封廉頗爲信平君，封樂毅於觀津號曰望諸君，秦相呂不韋封爲文信侯，食河南洛陽十萬户，此如漢世之列侯，而别爲名號者也。或有名號而無封邑，如秦相蔡澤爲綱成君，趙賜趙奢爲馬服君，漢初封劉敬爲奉春君，叔孫通爲稷嗣君，則位下於列侯，始皇本紀謂之倫侯，漢曰關内侯，卽名號侯之類也。趙有兩武安君，始蘇秦，終李牧，而秦亦以是名封白起，亦但有名號耳。正義「故號武安」以上是也；「故城」以下，又以爲封邑，一名而兩釋之，乖矣。秦攻韓閼與，軍武安西，大爲趙奢所破，在秦昭王三十七年，則前此秦安得有武安以封白起耶？

莊襄王三年四月日食接 王齕攻上黨至 魏將無忌率五國兵擊秦

案：各本中有「四年」二字，衍也，今删。「王齕」以下，上承「三年四月」爲文，莊襄王無四年也。請列四證以明之：年表莊襄王元年，當魏安釐王二十八年，秦雖脱「二年」、「三年」之文，然無忌敗秦軍在安釐王三十年，則當莊襄王三年也，證一也。魏世家安釐王二十六年，秦昭王卒，三十年，無忌歸魏，率五國兵攻秦，中更秦孝文王一年，則無忌攻秦在莊襄王三年也，證二也。楚世家考烈王十二年，秦昭王卒，十六年，秦莊襄王卒，亦以莊襄王卒爲後昭王卒四年，中更孝文一年，則莊襄王卒於三年也，證三也。呂不韋傳莊襄王卽位三年薨，證四也。

子政立，是爲秦始皇帝止

案：各本此下終言二世、子嬰事，當是後人附記誤入正文。不然，全書自此篇外，復有前紀之末附載後紀之年者乎？灼然僞矣。今正。

秦始皇帝本紀第六

八年，嫪毐

索隱：「嫪，姓；毐，字。王劭云：『賈侍中說，秦始皇母與嫪毐淫，坐誅，故世人罵淫曰「嫪毐」也。』」案：毐，非字也，說文：「毋，止之也，从女，有奸之者。」「毐，人無行也，从士、毋。」賈侍中說云云。讀若娭。」然則毐之爲言，猶姦也，婬也，人豈有字姦、字婬者乎？史稱嫪毐曰「毐」，皆其無行也；世人罵婬曰「嫪毐」，借寓名爲公名也，如公羊傳曰「公一陳佗也」之比。王劭舉賈說而不及許書，差以毫釐，謬以千里矣。

遷蜀四千餘家接房陵接遷太后於雍

案：各本重「家」字，無義，衍也，今删。「遷太后」句，各本皆脫，今依下文「迎太后於雍」句補。

十年，大梁人尉繚來，以爲秦國尉

案：此以官代姓，猶伊尹、呂尚以官代名也。

十八年，王翦將上郡

案：各本誤作「上地」。正義：「上郡上縣，今綏州等是也。」然則唐時正文作「上郡」也。今正。

異日，韓王納地效璽至虜其王接趙王使其相李牧來約盟接寡人以爲善，庶幾息兵革接故歸其質子

案：各本「寡人以爲善」二句，誤在「虜其王」下。今正。

二世三世至于萬世，傳之無窮接改年始。朝賀皆自十月朔，衣服旌旗旄節皆上黑接承相綰等言

案：各本「無窮」下云「始皇推終始五德之傳，以爲周得火德，秦代周德，從所不勝。方今水德之始」五句，此劉歆輩從郊祀志竄入，詳序證五德節及封禪書下。即此文亦有可證者，「始朝賀皆自十月朔」，〔四〕故曰「改年」，仍稱十月，不曰正月，故不曰「改正」。顏師古漢書高紀元年「春正月」注曰：「凡此諸月號，皆太初正歷之後記事者追改之。當時以十月爲歲首，即謂十月爲正月。」今案：謂十月爲正月，當謂九月爲十二月，此紀三十一年十二月更名臘曰嘉平。秦之臘，即周之蜡。郊特牲

曰：「蜡也者，索也。十二月合聚萬物而索饗之也。」皇氏以爲三代各以十二月爲蜡，是也，故其祝辭云：「土反其宅，水歸其壑，昆蟲毋作，草木歸其宅。」此必在土功畢、水德衰、昆蟲蟄、草木落之時，惟十二月有此物象。若在九月，方築場圃，何得云「土反其宅」？未交冬令，何得云「水歸其壑」耶？秦臘仍在十二月，則不改正明矣。十月者，夏正之十月也，從夏正故服色上黑。三正記曰：「十三月之時，萬物始達，孚甲而出，皆黑。故夏爲人正，色尚黑也」。然則此云「上黑」，乃行夏正，非以水德也，今正。「旌旗旄節」，各本倒作「旄旌節旗」，今依正義，先釋旌，次釋旗，次釋旄節，正。「上黑」下云「數以六爲紀，符、法冠皆六寸」，集解「水數六」，亦以水德爲言。適案：呂氏十二紀以五數分配五時，然則五德之數，自五至九，歲徧用之，不謂一朝之制有凡事用六者也。高祖本紀「封皇帝璽符節」。索隱：「韋昭云：『天子印稱璽，又以玉。符，發兵將也。』」是則符亦璽類，皆謂印也。符，廣六寸，當用六字。漢書武帝紀：「太初元年，數用五。」注：「張晏曰：『用五，謂印文也。若丞相曰「丞相之印章」，諸卿及守相印文不足五字者，以「之」足之。』」以彼例此，則秦璽當方六寸，用六字矣。乃此紀「九年，矯王御璽」。正義：「韋曜吳書云：『璽方四寸，上句紋五龍，文曰「受命于天，既壽永昌」。』」寸數、龍數、字數，於六字無一應者。下又云「更名河曰德水，以爲水德之始。剛毅戾深，事皆決於法，刻削毋仁恩和義，然後合五德之數」等語，亦襲郊祀志而雜增之。二十八年（鄒嶧山）〔琅邪臺〕刻石文曰：〔五〕「除疑定法，咸知所辟。」固亦以「憂恤黔首」爲言，豈有自以「戾深刻削」爲德者耶？且造爲「終始五德」之說者，爲水德始於顓頊，豈亦以「刻削毋仁恩」爲德耶？今皆删正。

徐市

案：此與魏人周市、魏豹傳齊王田市，項羽本紀田儋傳解者皆不作音義，誤以爲「市井」之「市」，盡人所知故也。不思淮南王傳引作「徐福」，則太史公以此爲「韍斑」之「韍」；說文部首「市」篆作「韍韠也」；易之「赤紱」，詩之「朱芾」，皆即「市」字。「市」、「福」一聲之轉，故相通，與隸書「市井」之「市」形近而誤解也。

非博士官所職，天下敢有藏詩、書、百家語者，悉詣守、尉雜燒之至若欲有學接以吏爲師

案：各本作「若欲有學法令」，今依集解徐廣曰「一無『法令』二字」正。若欲有學者，學詩、書、百家語也。吏謂博士也。第燒民間之書，不燒官府之書；第禁私相受授，可詣博士受業。故陳勝反，二世召問博士諸生，博士諸生三十餘人前曰「人臣無將」，語本公羊傳，事載叔孫通傳。若并在官者禁之，三十餘人者，焉敢公犯詔書，擅引經義哉？

太史公曰至故曠日長久而社稷安矣止

案：賈生過秦論三篇，自爲首尾，此錄其下篇也。各本復錄其上篇、中篇於下，此王船山所謂尻下出頭者，必非史記本文。中篇「南面稱帝」下，集解：「徐廣曰：『一本有此篇，無前者「秦孝公」已下，而又以「秦并兼諸侯山東三十餘郡」繼此末也。』」索隱：「鄒誕生曰：『太史公刪著此論（當）〔富〕其義而省其辭。〔六〕褚先生增續既已混淆，而世俗小智不惟刪省之旨，合寫本論於此，故不同也。』」是徐

廣所見本，固有不録其上篇者；鄒誕生亦以全録三篇，爲世俗所增。下載班固云：「賈誼、司馬遷曰，向使子嬰有庸主之才」云云，文出下篇，則下篇固漢時史記所已録，而晉時一本有中篇者，亦後人竄入也。陳涉世家集解引班固奏事曰：「太史遷取賈誼過秦論上下篇以爲秦始皇本紀、陳涉世家下贊文。」今案：世家録其上篇，則此惟録其下篇，無中篇，有明證矣，今據以正。「襄公立，享國十二年」以下，當是後人附録，若以爲太史公作，何以餘篇無此體例乎？

項羽本紀第七

使劉賈將兵，燒楚積聚接項王乃謂海春侯大司馬曹咎等曰至漢軍畏楚，盡走險阻接項王與漢俱臨廣武而軍，相守數月接項王聞淮陰侯已舉河北，破齊、趙至是時彭越復反，下梁地，絶楚糧接項王患之，爲高俎置太公其上至漢王傷走入成皋接病愈復如廣武接是時漢兵盛食多云云

案：此依高紀及漢書高紀、羽傳正。各本「曹咎自剄汜水上」誤在「楚、漢俱臨廣武而軍」後。汜水在成皋西，廣武在成皋東。漢渡汜水，然後入成皋，復東臨廣武。若漢王先臨廣武，曹咎何由西守成皋乎？「病愈復如廣武」二句，各本皆脱，今依高紀補。

漢王乃封侯公爲平國君接曰：此天下辯士，所居傾國，故號爲平國君接侯公匿，弗肯復見

案：各本誤移「匿，弗肯復見」句於「曰此天下辯士」上，「匿」字上脱「侯公」二字，致不可解。今正。

高祖本紀第八

高祖，沛豐邑中陽里人，姓劉氏

索隱：「高祖，劉累之後，別食邑於范，士會之裔，留秦不反，更爲劉氏」。

案：左昭二十九年傳：蔡墨曰：「陶唐氏既衰，其後有劉累，學擾龍于豢龍氏，夏后賜氏曰御龍，以更豕韋之後。」此劉氏爲堯後之一説也。襄二十四年傳：范宣子曰：「昔匄之祖，自虞以上爲陶唐氏，在夏爲御龍氏，在商爲豕韋氏，在周爲唐杜氏。晉主夏盟爲范氏。」文十三年傳：「士會之帑處秦者爲劉氏。」此劉氏爲堯後之又一説也。漢書王莽傳：莽曰：「予之皇始祖考虞帝受嬗于唐，漢氏初祖唐帝，世有傳國之象。」實始爲漢承堯後之説。姑無論劉累既更豕韋之後，則非豕韋氏，范氏若係豕韋氏後，則非陶唐氏後；又無論左氏云「其處者爲劉氏」，果如疏曰「爲先儒插注」否也。卽使劉氏果爲堯後，安知漢是此劉氏之後？周有劉康公，王季子也，食采於劉，見左文十五年傳注。毛詩：「彼留子嗟。」傳：「留，大夫氏。」案：留之爲氏，亦係邑名，卽古者鄭國「處於留」之留，與劉同在王畿之内。説文無「劉」字，有「鎦」字，从「留」聲，蓋「鎦」卽「留」，亦卽「劉」也。彼皆無後乎？是則漢承堯後與劉氏爲堯後，不得并爲一談。且一姓不再興，故堯、舜、禹爲天子，後世爲諸侯；契、稷、益爲諸侯，後世爲天子。未聞天子之苗裔式微，累千年復爲天子者也。莽自比於舜受堯嬗，自以爲舜後，因以漢爲堯後。賈逵曰：「五經皆無證圖讖明劉氏爲堯後者，左氏獨有明文。」是左氏此文以證圖讖，此讖卽哀章所作金匱策書，持之高廟，莽所藉以受嬗者。劉歆爲莽典文章，遂復散布諸說入左傳，假劉累爲得氏之始，其稱御龍氏卽寓乘龍御天之意，繼以豕韋以配王氏之陳胡王、敬王並峙，爲遥遥華胄爾。然劉氏爲堯後，左氏雖有明文，漢爲堯後劉氏之後，其有明文者惟王莽詔書耳。太史公所未及聞，故爲高祖作本紀，始述其里居，言其爲家人子也；次詳其姓氏，明其世系無攷也。豈若秦本紀曰「帝顓頊之苗裔」，項羽本紀曰「世世爲楚將」，出自世家大族之比哉！小司馬所引，可謂渣滓太清矣。

字季

集解：「漢書音義：『諱邦』。」索隱：「漢書：『名邦，字季。』此單云字，可疑。漢高祖長兄名伯，次名仲，不見別名，則季亦是名也。故項岱云：『高祖小字季，卽位易名邦，後因諱邦不諱季，所以季布猶稱姓。』」

案：劉氏兄弟三人，但以長少而稱伯、仲、季，非名也。高祖微時但稱劉季，後稱沛公，後稱漢王，後稱皇帝，終其身無所謂名與字也。諱邦者，後世史臣所擬耳。否則漢王二年二月立漢社稷，當爲祭文，或爲造名之始歟。

父曰太公，母曰劉媪

索隱：「王符云：『太上皇名煓。』與湍同音。皇甫謐云：『名執嘉。』『媪姓王氏。』又據春秋握成圖以爲執嘉妻含始。近有人打得班固泗水亭長古碑，文云：『母温氏（貞）』。」〔七〕

案：侯景篡梁，其黨爲立七廟，請諱。景曰：「惟記阿耶名標，餘不知也。」其黨徧爲其祖造諱，史家嗤之。以彼例此，乃知漢高之家世，正如侯景。王符之矯誣，實啟王偉也。當太史公時，漢高之父無名，母無姓，況能知其二千年前之遠祖乎？漢明信賈逵誣辭，愧劉炫矣。炫說見左傳襄二十四年疏。

徙中壯士願從者十餘人接**秦始皇帝常曰**

案：各本中述赤帝子斬白帝子事，此從郊祀志竄入，詳序證五德節。今刪。

漢元年十月，沛公兵遂先諸侯至霸上

案：漢書「十月」下有「五星聚于東井」句，幸未竄入此紀，得以證史記凡言分野者，皆非太史公原文。

韓信說漢王曰至**争權天下**

集解：「徐廣曰：『韓王信，非淮陰侯信也。』」

案：漢書高帝紀云「拜信爲大將軍，問以計策，信對曰」以下文與此同，則爲淮陰侯韓信明矣。後人又竄此數語入韓王信傳，故徐廣云然。顏師古注漢書韓王信傳以爲謬錯，是也。

闕韓王昌，昌不聽，使韓信擊破之

案：「韓王昌」上當有「使某人說」數字，不知所使何人，無從增訂；下復有「昌」字，屬「不聽」爲句，各本皆脫，今補。「三年，魏王豹反爲楚。漢王使酈生說豹，豹不聽。漢王遣將軍韓信擊，大破之。」此其例也。

三年以取敖倉粟

案：各本脫「粟」字，今依項羽本紀補。

殺龍且，齊王横犇彭越

案：各本誤作「齊王廣」。廣亦爲韓信所虜，安得犇彭越？犇越者横也，今依田儋傳正。

關中兵益出，當此時接項羽數擊彭越等

案：各本中云「彭越將兵居梁地」，至「田横往從之」，此皆三年重文也，今刪。

立武王布爲淮南王

案：稱布爲武王，亦見荆燕世家，而布傳無之。此語必不承「二年九江王布」爲文，中有脫文故也。

五月丙寅，葬長陵

案：各本脱「五月長陵」四字，今依漢書高紀補。

次代王恒

案：文帝名於此，武帝名於景紀，高、惠、景帝皆不名。

朝以十月，車服黄屋左纛止

案：各本下有「葬長陵」句。「長陵」二字紀中所脱，别增「葬」字而附於此也。今删。

吕后本紀第九

案：漢書有惠帝紀，此附於吕后紀中。

齊内史士説王曰：「太后獨有孝惠與魯元公主。」

案：孝惠、魯元皆謚也，此追稱。若當時語，止當曰「太后獨有帝與公主」爾，下文但稱「公主」可證。

齊王上城陽郡，尊公主爲王太后

集解：「如淳曰：『張敖子偃爲魯王，故公主得爲太后。』」顔師古漢書惠帝紀注曰：「此説非也。尊公主爲齊太后，以母禮事之。張耳傳『高后元年魯元太后薨，後(七)〔六〕年宣平侯敖薨，〔八〕吕太后立敖子偃爲王，以母爲太后故也』。是則偃因母爲齊王太后而得王，非母因偃乃爲太后也。」

劉攽曰：「顏説非也。悼惠與公主兄弟耳，雖欲詔呂后，以母事之，於理安乎？」

案：顏説不可非也。孝惠尚以公主爲妻母，悼惠何不可以爲母乎？太后者，有子爲王之稱，未有無爲王之子而稱太后者也。是時張偃乃宣平侯世子耳，不尊公主爲齊王之母，焉得稱太后？尊公主爲王太后之王，卽齊王之王，不復言齊者，承上句而省爾。是年以前稱公主，以後稱齊王太后，薨後謚元太后，及子偃爲魯王，而元太后亦繫之魯，卽追稱其爲公主時，亦冠以魯元也。攽又謂：「齊内史欲尊公主以漸王張氏，故勸王以獻郡就益魯邑，而更號魯元公主爲魯元太后。太后之號雖更，魯元之稱不除，豈關爲齊王母乎？」案：此直謂其爲公主時卽稱魯元，何憒憒也。

九月辛丑，葬安陵

案：各本脱「安陵」二字，今依漢書惠帝紀補。

少帝元年，魯元公主薨，賜謚爲魯元太后，子偃爲魯王

案：偃以母爲太后之故而爲王，太后以子王魯之故而元太后得繫之魯。偃王魯，在元太后薨後七年，此於薨年卽云賜謚爲魯元太后者，終言之，非謚元太后時卽繫之魯也。

七年，宣平侯張敖卒，以子偃爲魯王，敖賜謚爲魯元王

案：「元」者妻謚，「王」者子爵，此假妻謚子爵以稱敖，非賜敖謚也。唐時有官梓州郪縣令者，自謂

云：「州稱子號，縣帶妻名，由來皆屬婦兒，不是老夫官職。」彼猶戲語，此乃實事矣。

孝文本紀第十

案：五年、七年至十二年，後三年至後五年，皆無文，漢書有之。「孝文帝從代來」至「興於禮義」，在漢書爲贊語，此乃移入紀中「帝崩」之前，何其顛錯而殘缺也。張晏云「景紀亡」，當是文紀之誤。小司馬所謂取班書補之者，在此不在彼也。不然何由録班贊？且太史公於高、惠、景紀帝崩皆謚，此紀獨否，高后、惠、景崩皆不地，此於未央宮，皆與班書合，可爲録取班書之證。

孝景本紀第十一

張晏云：「亡。」司馬貞曰：「取班書補之。」

案：衛宏漢書舊儀注云：「太史公作景帝紀，極言其短及武帝過，武帝怒而削去。」魏書王肅傳亦云然。然班固謂遷死後，其書稍出，宣帝時遷外孫楊惲祖述其書，遂布焉。是則武帝無緣見其書，何由削去？且此紀之文，亦有詳於漢書者，如三年徙濟北王以下五王，五年徙廣川王爲趙王，六年封中尉趙綰爲建陵侯，至梁、楚二王皆薨，班書皆無之，則非取彼以補也，蓋此紀實未亡爾。

中元年，封故御史大夫周苛曾孫平爲繩侯，故御史大夫周昌孫左車爲安陽侯

案：各本作「周苛孫平」、「周昌子左車」，誤也，今依功臣侯表高京侯、汾陰侯表正。

中三年冬，丞相周亞夫免

案：各本作「周亞夫死」，誤也。絳侯世家：「亞夫死，國除。絶一歲，景帝更封絳侯勃他子堅爲平曲侯。」高祖功臣侯表平曲侯堅元年爲景帝後元年，是則亞夫死於中六年，乃免相後三年也。今正。

後元年，以御史大夫綰爲丞相止

案：各本下有「封爲建陵侯」句，衍也。建陵侯用中尉封，在前六年春，至此八年矣。今正。

二月〇癸酉葬陽陵

案：各本作「三月」，誤也。上云「正月甲寅，皇太子冠；甲子，孝景皇帝崩」，則癸酉在二月，上距甲寅二十日、甲子十日也，又脱「癸酉」二字，誤「葬」爲「置」，今依漢書正。

孝武本紀第十二

集解：「張晏曰：『武紀亡，褚先生補作也。』」索隱：「褚先生合集武帝事以編年，今止取封禪書補之，信其才之薄也。張晏云：『褚先生名少孫，仕元、成間。』」

案：封禪書録郊祀志而删其昭、宣以下，此紀復録封禪書而削其文、景以上，是此紀亦斷頭刖足之郊祀志也。郊祀志係劉歆爲莽典文章時作，詳序證要略節，豈仕元、成間人所及見？觀於三代世表、五宗世家下褚先生說，則其文章經術卓爾不羣，何至襲志爲紀耶？諒褚補亦亡，後人因張晏之言録此以充其數也，小司馬誣褚先生矣。

〔一〕（有）〔布〕王號於天下　據史記正義改。

〔二〕故（鳥）〔烏〕瑞臻　據史記集解改。

〔三〕（威）〔懷〕王四年　據史記楚世家改。

〔四〕始朝賀皆自十月朔　「始」宜屬上讀。

〔五〕（鄒嶧山）〔琅邪臺〕　據史記秦始皇本紀改。

〔六〕此論（當）〔富〕其義而省其辭　據史記索隱改。

〔七〕母温氏（貞）　檢史記索隱，「貞」屬下讀。今删。

〔八〕後（七）〔六〕年宣平侯敖薨　據史記張耳列傳改。

史記探源卷四　十表

三代世表

余讀諜記，黃帝以來皆有年數。稽其歷譜諜終始五德之傳，古文咸不同，乖異。夫子之弗論次其年月，豈虛哉

案：各本中云「終始五德之傳，古文咸不同」，此劉歆之徒竄入也，詳序證五德節。太史公謂讀一代之諜記，自黃帝以來雖皆有年數，稽歷代之譜諜，則年數乖異，故夫子弗論次而遷但表其世也。若謂「終始五德乖異」，則與「夫子弗論次年月」句不相屬矣。且「終始五德」之序始自太皞，此表自黃帝始，何得與之牽合？「古文」下不言何經，爲不成語，詳序證古文節。「不同」與「乖異」義複，史記豈應尤雜乃爾！今刪。

於是以五帝德、帝繫姓諜

案：各本作「以五帝繫諜」，脱「德帝姓」三字，今補。索隱曰「大戴禮有五帝德、帝繫姓篇，太史公取此二篇之諜」，則唐時未脱也。惟此二篇之諜，卽歷代譜諜，太史公取於此，戴德亦取於此。戴德乃后倉弟子，后倉在孝宣世，見藝文志，世次在太史公後，太史公非取於大戴禮也。

蟜極生帝俈，爲高辛氏

案：此與上文「昌意生顓頊，爲高陽氏」語例相同，五帝本紀亦曰「帝嚳高辛者」與「帝顓頊高陽者」語例相同。此文毛本作「蟜極生高辛，爲帝俈，」不過名氏互倒；監本作「蟜極生高辛，高辛生帝俈」，譌謬特甚。今正。

太公尚，文王、武王師

案：毛本脱「武王」二字，此從監本。

十二諸侯年表第二

案：共和元年庚申至敬王四十三年甲子，計三百六十五年，年數可攷，實始於此。劉歆所造律歷志曰：「大中大夫公孫卿等議，前歷上元泰初至元封七年四千六百一十七歲，丞相屬寶等言黄帝以來三千六百二十九歲，張壽王言黄帝至元鳳三年六千餘歲。」説雖參差，猶不甚遠，要亦歆所假託，乃自出三統歷之説以壓之曰：「三統，上元至伐紂之歲，十四萬二千一百九歲。」説亦見律歷志。又謂七十六歲爲一蔀，二十蔀爲一紀。乾鑿度謂西伯受命之年，入天元二百七十五萬九千二百八十歲。孔穎達謂得一千八百一十五紀，餘有四百八十歲，即入後紀之年，説見詩文王篇疏。緯書出哀、平間，與古文經傳同時，意亦與三統歷相應，皆歆與所徵之千數人作爲此荒遠之説，以見自古帝王易姓受命，必有多則數十萬年，少亦數萬年者，則新皇帝命太史推三萬六千歲歷紀，尚不爲久，而未滿此數，斷無人能取而代之也。苟有繼嚴鄉、高陵之徒而起者，終受有扈之誅爾。歆所著書，爲莽紿人。晉人僞造竹書紀年無所爲而受其紿，盡紀黄帝以下年數，卽使真出魏冢，豈魏末史臣通知古事過於孔子乎？後世編歷代總史，究當以史記爲法。

不可以書見也接及如荀卿、孟子、公孫固、韓非之徒至不可勝紀止

案：各本中自魯君子左邱明以下一百二十六字，皆爲劉歆之學者所竄入，今删。請列七證以明之：七略曰：「仲尼以魯史官有法，與左邱明觀其史記，有所襃毁貶損，不可書見，口授弟子。弟子退而異言，邱明恐弟子各安其意以失其真，故論其本事而作傳。」與此表意同。七略與上下文意相聯，此與上下文意相背，詳下則非七略録此表，乃竄七略入此表也。證一。此表上云「七十子口授，不可書見」，中云「左邱明因孔子史記，具論其語」，則是書見，而非口授矣。若太史公一人之言，豈應自相背謬若此。證二。劉歆譽左氏，所以毁公羊，此表下稱董仲舒，無由先譽左邱明。賈逵曰：「左氏義長於君父，公羊多任於權變。」逵此説非實也。左氏以兵諫爲愛君，可謂不任權變乎？公羊謂「君親無將，將而誅」，不可謂不長於君父也。太史公自序：「余聞之董生云：『爲人臣者不知春秋，守變事而不知其權。』」此説正與逵之稱左氏義相反對，若此篇亦以「懼弟子失其真」稱左氏，則知權之説，正在失真之内，不猶助敵自攻乎？證三。劉歆傳曰：「歆以爲左邱明好惡與聖人同。」夫曰「歆以爲」，則自歆以前，未嘗有見及此者也，乃此紀與七略皆曰「左邱明懼弟子各安其意以失其真」。安意失真者，卽好惡

與聖人不同之謂；不失其真，卽同之謂。如太史公已云然，卽謂左氏與聖人同矣，安得云「歆以爲」耶？證四。歆讓太常博士書曰：「或謂左氏爲不傳春秋」，如此表已云左邱明成左氏春秋，歆何不引太史公言以折之耶？證五。自序云：「左邱失明，厥有國語。」然則左邱其氏，明是其名，有國語而無春秋傳。七略稱邱明，此表曰左氏春秋，則左氏而邱明名，傳春秋而無國語。止此四字，與自序相矛盾，與七略若水乳，證六。此表自周平王四十九年以後，皆取自春秋。呂氏春秋非紀年月日之書，復何所取？鐸氏、虞氏其書，今亡弗論，要自後人雜取四家書名從中插入，致上下文皆言孔子之春秋者語意隔斷。不然，虞、呂世次在孟、荀後，豈其書亦爲孟、荀所捃摭乎？證七也。下有「漢相張蒼」等句，今刪，詳張蒼傳下。

爲成學治國聞者

案：各本作「治古文者」。集解：「徐廣曰：『一云「治國聞者」也。』」今依以正。「古」乃「國」之聲誤，復改「聞」爲「文」爾。

周莊王二年，有兄弟

案：下三字不可解，當有脫誤。

惠王二十五年止

案：各本下云「襄王立，畏太叔」，從左傳竄入也。今正。集解：「皇甫謐云：『二十四年惠王崩』」，亦據左氏也。春秋：魯僖公八年十有二月丁未，天王崩。此卽惠王二十五年，與年表合。左傳：七年「閏月，惠王崩。襄王畏太叔帶之難，懼不立，不發喪，而告難于齊」。八年「冬，王人來告喪，難故也，是以緩」。此以赴告之日釋崩日，詳序證告則書節。若是則惠王無二十五年，又不以是年爲襄王元年，是時豈有西晉懷、愍之禍，而虛王統一年乎？集解引皇甫謐說以解年表，謬矣。

襄王三年，戎伐我，太叔召之。王欲誅叔帶，叔帶奔齊

案：各本作「太叔帶召之。欲誅叔帶，奔齊」。上衍「太」字，中脫「王」字，下脫「叔帶」二字，今依文意正。

六年，頃王崩止

案：毛本下云：「公卿争政，不赴，故不書。」今案「公卿争政」，於本紀、左傳皆無攷。「不赴，故不書」二句，左傳亦無之，此必依左氏例以竄入也。不思莊、釐二王崩，春秋亦不書，何以無說？監本作「公卿争政，故不赴」，皆非本文。今删。

魯伯御立爲君。伯御，武公孫。伯御元年〇十一年周宣王誅伯御，立其弟稱，是爲孝公〇

孝公元年至二十七年

案：各本作「魯孝公元年，伯御立爲君，稱爲諸公子云。伯御，武公孫」。奪伯御之年以予孝公。是

時孝公方爲諸公子，安得紀元？無此史例，必爲後人所亂也。十二年至三十八，當爲孝公元年至二十七，今依世家正。

桓公十六年，公會于曹，伐鄭

案：各本作「公會晉，謀伐鄭」。「晉」字誤，「謀」字後人從左傳增。世家作「會于曹，伐鄭，入厲公」。春秋：「公會宋公、蔡侯、衞侯于曹，伐鄭。」皆不及晉。今正。

十七年十月朔，日有食之止

案：各本作「十七年日食」，脱「十月朔有之」五字，今依釐十五年具月、文十五年具朔，皆作「日有食之」訂。下云「不書日，官失之」，此劉歆之徒竄入，詳序證官失之節。今删。

莊公九年，魯欲以糾入

案：各本「以」誤作「與」，今依文正。

三十二年，莊公弟叔牙鴆死。慶父殺子般

案：各本脱「慶父殺」三字，似謂叔牙鴆死子般矣。今依湣公二年「慶父殺湣公」語例補。

釐公十五年五月，日有食之止

案：各本下有「不書日，官失之」二句，後人竄入，於桓公十七年例同。今删。

文公十四年，彗星入北斗止

案：各本下有「（齊）宋〔齊〕晉君死」句，〔一〕語出劉歆，詳序證分野節。今删。

昭公十年止

案：各本下云「四月日蝕」，此衍文也，春秋無之。今删。然春秋日食三十六，此合襄公二十一年、二十四年皆言日再蝕，止得二十三，去此則二十二，餘皆譌脱矣。

十七年六月朔，日蝕

案：監本作「正月」，毛本作「五月」，皆誤。今依春秋正。

定公十四年，齊來歸女樂，季桓子受之，孔子行

案：各本誤在十二年，今依孔子世家正。

齊桓公二十八年，爲衞築楚邱，救邢伐狄

案：各本「邢」誤作「戎」，「伐狄」二字互倒，致不成語。今正。

惠公十年，惠公卒止

案：毛本下云「崔杼有寵，高、國逐之」，據左傳竄入也；監本作「高、國奔衞」，更誤。今删。經書「崔氏」，不曰「崔杼」，則非杼之身也。且以年計之，惠公乃桓公子，是年距桓公卒四十四年，桓公卒

時，惠公已能與孝公争國，則年已二十左右，至此則六十餘歲矣。崔杼有寵，至少亦三四十歲，是年至弒莊公，越五十二年，則杼年八九十矣。弒君擅政，身殉豔妻，豈似八九十歲之人所爲？可見是年奔衞者，必非杼也。

頃公無野元年

案：毛本誤作「景公」，此從監本。

靈公二十七年，齊師敗，靈公走入臨淄。晏嬰止靈公，靈公弗從

案：毛本止作「晉圍臨淄晏嬰」六字，監本「晏嬰」下有「大敗之」三字，皆誤。今依世家正。

景公三十二年接晏子曰

案：各本中有「彗星見」三字，後人竄入也。詳世家，今刪。

晉惠公十四年，圉立爲懷公

案：此魯僖公二十三年也。春秋於二十四年冬書「晉侯夷吾卒」，則惠卒懷立在十五年。此與世家皆在十四年者，文公於魯僖二十四年篡懷代立，當年改元，晉史豫於魯僖二十三年爲惠公之末年，遂減爲十四年，凡以爲文公地爾，此史記所本也。不然，豈不與春秋乖異哉？左邱國語本非紀年月之書，其言年月，亦劉歆所點綴，以應其以赴日爲卒日之説也，詳序證告則書節。

文公元年○魏武子爲魏大夫

案：各本脱「子」字，今依世家補。

景公六年，救宋、楚，執解揚

案：各本脱「楚」字，今依世家補。

平公二十六年接十月，公薨

案：各本中云「春有星出婺」，春秋無之。文見左昭十年傳，爲歲在玄枵，平公死徵。此劉歆語也，詳序證分野節。今删。

秦襄公八年，初立西畤，祠上帝

案：各本作「祠白帝」，此古文學家從郊祀志改，今依本紀正。

三十九年，繆公薨，葬殉以人，從死者百七十人止

案：各本下云「君子譏之，故不言卒」。此二語左傳亦無之，當是推左氏例而竄入也。今删。

惠公元年止

案：各本下云「彗星見」，此於本紀、左傳皆無徵，疑衍，今删。

楚康王招元年，共王太子止

案：各本下云「出奔吴」，不知何指，於世家、左傳亦無徵，疑誤，今删。

宋殤公九年接華督殺孔父，及弑殤公

案：各本中云「華督見孔父妻好，悦之」。此劉歆語也，詳世家。「弑」誤作「殺」，今删正。

景公三十七年止

案：各本下云「熒惑守心，子韋曰善」。此亦録劉歆語而有脱字也，詳世家。今删。

衞宣公晉元年，共立之

案：各本作「衞宣公元年，晉共立之」。後人不知晉是宣公之名而誤倒也，今正。

成公三年，會晉朝王，復歸衞

案：各本誤作「會晉朝，復歸晉」，今依左傳正。

陳文公圉元年，生桓公鮑、公子他

案：各本誤作「生桓公鮑、厲公他。他母蔡女」。今依世家及左傳正。

桓公三十八年，弟他殺太子免，代立接淫蔡，蔡人殺他接陳厲公躍元年接二年，生敬仲完，

三年接四年○七年接陳莊公林元年

案：各本「代立」下云「國亂再赴」，劉歆語也，詳序證告則書節。又下卽云「陳厲公他元年，陳大夫

五父自立爲厲公」，誤也。「五父」句毛本尚無，監本有之。「三年」下云「周史卜完後世王齊」，亦歆語，詳序證變象互體節。「七年」下云「公淫蔡，蔡人殺公」，此誤以他爲厲公也。春秋：蔡人殺陳佗在魯桓公六年，卽陳厲公元年。佗卽他，安得有在位七年之事，詳世家下。今正。

鄭莊公元年，祭仲相

案：監本誤作「祭仲生」，今從毛本。

昭公元年，忽母，鄧女，祭仲立之

案：監本誤作「祭仲取之」，直似祭仲取忽母爲妻矣。誤本之害義如此，幸毛本不誤，今從之。

釐公五年，子駟使賊夜弒釐公止

案：各本下云「詐以病卒，赴諸侯」，劉歆語也，詳世家下。今删。「弒」誤「殺」，今正。

簡公三年，子孔欲作亂，子產止之

案：各本誤作「子孔作亂，子產攻之」。今從世家正。

十七年止

案：各本下云「子產曰：范宣子爲政，我請伐陳」一語不接，於世家、左傳亦無徵。今删。

吳餘祭四年，季札使諸侯，闇弒餘祭接吳餘眛元年至十七年案：各本作「守門閽弑餘祭，季札使諸侯」。守門，卽閽也，不須重言，當是旁注誤入正文，又倒在上，「季札」句誤在下。杜預左傳注謂「餘祭使札，而後爲閽所弑」，是也。下復紀五年至十七年，然後紀餘昧元年至四年。緣世家脫「閽弑餘祭」句，乃互倒二王之年數，復據誤倒年數之世家以改年表。不悟餘祭已於四年被弑，安復得有五年以下耶？今正。

六國表第三

案：周元王元年乙丑，至秦二世三年甲午，計二百七十年。

論秦之暴戾，不如魯、衞之德義

案：各本誤作「論秦之德義，不如魯、衞之暴戾者」。今正。

秦既得意，燒天下詩、書，諸侯史記尤甚，爲其有所刺譏也接 獨有秦記

案：各本中云「詩書所以復見者，多藏人家」。此劉歆語也，指魯國孔壁、河間國民間所藏古文經傳而言，然五宗世家不載，則此言無徵矣。上言「燒天下詩、書」，卽本紀所謂「非博士官所職，天下有藏詩、書者燒之」也。然則詩、書所以復見，自有博士官所職爾，何待人家所藏哉？又曰「史記獨藏周室，以故滅」。然則先秦之本紀、年表、世家、列傳何所據而作之？此亦歆語也，今删。

周元王元年

集解：「徐廣曰：『乙丑。』皇甫謐曰：『元年癸酉，二十八年庚子崩。』」

案：此定王始終之年也，謐誤屬之元王。

定王元年

集解：「徐廣曰：『癸酉。』皇甫謐曰：『貞定王元年癸亥，十年壬申崩。』」

案：謐謂景王崩於二十二年戊寅，敬王崩於四十四年壬戌，則癸亥爲元王元年，而以當定王，謬也。詳本紀。

秦武王元年，張儀、魏章皆出之魏

案：監本作「皆死於魏」，誤也。今從毛本。本紀作「皆東出之魏」。

昭王二年，彗星見止

案：各本下有「桑君爲亂誅」五字，誤也。秦有商君，死於孝公二十四年，見上文，無所謂「桑君」也。本紀：「是年，庶長壯與大臣、諸侯、公子爲逆，皆誅，及惠文后皆不得良死。」此言「桑君」不知謂誰，今刪。

莊襄王楚元年，取東周

案：毛本「東」下衍「西」字。西周自昭襄王五十二年已取之矣，此從監本。

二年，蒙驁擊趙榆次、新城、狼孟○三年，王齮擊上黨

案：「二年三年」四字各本皆脱，今依六國年次補。

始皇十五年，大興兵，一軍至鄴，一軍至太原

案：監本作「興軍至鄴，軍至太原」，脱四字，此從毛本。

魏獻子○衞出公飲大夫，大夫不解襪，公怒，大夫卽攻公，公奔宋

案：監本誤入趙表，「出公」誤作「莊公」，「襪」誤作「履」，皆與左傳不合。毛本不誤，而脱「大夫」字者再，語意不明，今依文正。

文侯五年，盜殺晉幽公，立其子止

案：毛本誤作「魏誅晉幽公，立其弟止」，此從監本。晉世家曰：「幽公淫婦人，夜竊出邑中，盜殺幽公。魏文侯以兵誅晉亂，立幽公子止。」語較詳，與監本合。

二十四年，秦伐我

案：監本誤作「伐秦」，此從毛本，與世家合。

惠王十六年，與秦孝公會杜平

案：毛本「與」字上有「徐廣曰」句，似衍，此從監本。

三十三年，衞鞅亡歸我，我(怒)〔恐〕，〔二〕弗内

案：監本脱一「我」字，此從毛本。世家作「商君亡秦歸魏，魏怒，不入」。與此意同。

景湣王五年，秦拔我垣、蒲陽、衍

案：毛本誤作「桓、衍、蒲陽」，此從監本，世家同。

韓列侯三年接三月

案：監本中有「鄭人殺君」句，此涉「四年，鄭相子陽之徒殺其君繻公」而衍也，此從毛本。

哀侯二年，滅鄭康公，康公以二十年滅，無後

案：監本脱「康公以」三字，此從毛本。

桓惠王九年，秦拔我陘，城汾旁

案：毛本重「城」字，衍「也」，此從監本，世家同。

趙敬侯八年，襲魏不克

案：監本誤作「襲衞」，此從毛本，魏世家同。

成侯三年，伐衞，取都鄙七十三

案：毛本作「伐鄭」，世家作「取鄉邑」，此從監本，未知孰是。

惠文王二十九年，秦攻韓閼與，趙奢將擊秦，大敗之

案：監本誤作「秦拔我閼與」，不知是時閼與非趙地，秦敗而非拔也。此從毛本。

三十年，秦擊我閼與城，不拔

案：毛本此二句脱，此從監本。

楚肅王五年，魯共公元年

案：毛本誤入肅王六年，此從監本。魯世家：「穆公三十三年卒。」此表穆公元年在聲王元年，則三十三年適當肅王四年，至五年乃爲共公元年也。

宣王十三年，君尹黑迎女秦

案：「君尹」疑是「令尹」之誤，秦本紀、楚世家皆無之。

頃襄王二十三年，秦所拔我江旁十五邑爲郡，距秦

案：監本作「秦所拔我江旁反秦」，此從毛本。

幽王悼元年

案：世家作「幽王悍」，未知孰是。

燕王噲五年，君讓其臣子之國，顧爲臣

案：各本誤作「願爲臣」，今從世家正。

秦楚之際月表第四

案：此表爲後人所亂，以致語例殊乖。六國初起，惟秦紀年紀月，諸侯有月無年是也。而楚懷王獨紀二年，其乖一也。二世二年有後九月，懷王於二世二年六月爲一月，二世三年五月爲二年一月，秦計閏，楚不計閏，其乖二也。更名爲常山前不言趙；更名爲臨菑前不言齊，更名爲西魏前不言魏，則知是故何國乎？其乖三也。義帝元年以後，漢以十月爲歲首，各國以一月爲歲首，其乖四也。以漢之二年後九月，當各國之九月；漢有閏，各國失閏，是以由後推前，遞差一月，致十八王之一月，惟漢題正月，各國脫一月，以其二月當漢之三月。諸侯罷戲下之國，於漢屬四月，各國稱三月，其乖五也。臨江王、殷王之十三月，衡山、九江、燕王皆稱二年一月，五王皆項氏所封，而紀年與紀月殊科，其乖六也。項王死於十二月，於漢繫之正月，其乖七也。高祖紀：正月即皇帝位，次言徙韓信，封彭越，此表惟徙韓信在正月，即帝位、封彭越皆在二月，其乖八也。元年，趙王趙歇徙代，齊王田市徙膠東，皆計故國之月；五年，齊王韓信徙楚，衡山王吳芮徙長沙，别從新國之月，其乖九也。韓王信徙代，在六年春，見本傳，此表在五年二月，其乖十也。今攷定之，以月爲綱，仍當有一國紀年者，以閏故；否則不知上年之後九月，非次年之十月也。秦未亡，紀秦年；秦既亡，紀漢年。不紀楚年者，諸侯王有始屬楚，楚亡而歸漢，直漢之五年。漢有五年，不可無元、二、三、四年故也。漢元年正月，懷王始爲帝，項羽、吳芮、共敖、英布、田都、田安、沛公、章邯、司馬欣、董翳、臧荼、司馬卬、申陽皆始爲王，當稱一月。漢以紀年改稱正月，趙歇、田市、韓廣、魏豹、韓成爲王久矣，特爲項王所徙，當并其故國計之曰二十六月、十九月、三十月、十八月、二十一月也。以明月分爲主，不及備載全文，列表如左：

秦	楚	項	趙	齊	漢	燕	魏	韓
二世元年七月	隱王陳涉一月							
八	二		王武臣一月					
九	三	武信君項梁一月	二	王田儋一月	沛公一月	王韓廣一月	王魏咎一月	

二年十月	四	二	三	二	二	二	二	
十一月	五	三	四 爲李良所殺	三	三	三	三	
十二月	六 敗死	四		四	四	四	四	
端月	王景駒一月	五	王趙歇一月	五	五	五	五	
二	二	六	二	六	六	六	六	
三	三	七	三	七	七	七	七	
四	四 爲項梁所殺	八	四	八	八	八	八	
五		九	五	九	九	九	九	
六	懷王一月	十	六	十 爲章邯所殺	十	十	十 圍急自殺	王韓成一月

七	八	九	後九月	三年十月	十一	十二	端月	二	三
二	三	四	五	六	七	八	九	十	十一
十一	十二	十三 為章邯所殺	魯公項羽一月	二	三	四	五	六	七
七	八	九	十	十一	十二	十三	十四	十五	十六
王田假一月 走楚	王田市一月	二	三	四	五	六	七	八	九
十一	十二	十三	十四	十五	十六	十七	十八	十九	二十
十一	十二	十三	十四	十五	十六	十七	十八	十九	二十
		王魏豹一月	二	三	四	五	六	七	八
二	三	四	五	六	七	八	九	十	十一

四	十二	八	十七	十	二十一	二十一	九	十二
五	十三	九	十八	十一	二十二	二十二	十	十三
六	十四	十	十九	十二	二十三	二十三	十一	十四
七	十五	十一	二十	十三	二十四	二十四	十二	十五
八 趙高弒之	十六	十二	二十一	十四	二十五	二十五	十三	十六
九 子嬰爲王	十七	十三	二十二	十五	二十六	二十六	十四	十七
十 降楚將沛公	十八	十四	二十三	十六	元年十月 秦王降	二十七	十五	十八
	十九	十五	二十四	十七	十一	二十八	十六	十九
	二十	十六	二十五	十八	十二	二十九	十七	二十

項羽尊楚懷王爲義帝	一月	二	三	四	五
自立爲西楚霸王 分封十八王	一月	二	三	四諸侯罷兵之國	五
分爲衡山王吳芮	一月	二	三	四	五
分爲臨江王共敖	一月	二	三	四	五
分爲九江王英布	一月	二	三	四	五
趙更名常山王張耳	一月	二	三	四	五
分爲代王 故趙王 趙歇	二十六月	二十七	二十八	二十九	三十
齊更名臨淄王田都	一月	二	三	四	五走楚
分爲濟北王田安	一月	二	三	四	五
分爲膠東王 故齊王 田市	十九月	二十	二十一	二十二	二十三
關中分爲漢王故沛公	正月	二	三	四	五
分爲雍王章邯	一月	二	三	四	五
分爲塞王司馬欣	一月	二	三	四	五
分爲翟王董翳	一月	二	三	四	五
燕王臧荼	一月	二	三	四	五
分爲遼東王 故燕王 韓廣	三十月	三十一	三十二	三十三	三十四
魏更名西魏王魏豹	十八月	十九	二十	二十一	二十二
分爲殷王司馬卬	一月	二	三	四	五
韓王韓成	二十一月	二十二	二十三	二十四	二十五
分爲河南王申陽	一月	二	三	四	五

六	七	八	九
六	七	八	九
六	七	八	九
六	七	八	九
六	七	八	九
六	七	八	九爲陳餘所敗
三十一	三十二	三十三	三十四復趙王
復爲齊王田榮一月	二	三	四
六	七爲榮所殺		
二十四爲榮所殺			
六	七	八	九
六	七	八	九
六	七	八降漢	
六	七	八降漢	
六	七	八	九
三十五	三十六	三十七爲荼所殺	
二十三	二十四	二十五	二十六
六	七	八	九
二十六	十一七爲羽所殺	王鄭昌一月	二
六	七	八	九

十項羽弒之						
十	十一	十二	十三	十四	十五	十六
十	十一	十二	十三	十四	十五	十六
十	十一	十二	十三	十四	十五	十六
十	十一	十二	十三	十四	十五	十六
復爲趙歇復王趙三十五	三十六	三十七	三十八	三十九	四十	四十一
王陳餘一月	二	三	四	五	六	七
五	六	七	八戰敗爲民所殺	假復王一月	二爲橫所敗走楚見殺	王田廣一月
二年十月	十一	十二	正	二	三	四
十	十一	十二	十三	十四	十五	十六
十	十一	十二	十三	十四	十五	十六
二十七	二十八	二十九	三十	三十一	三十二	三十三
十	十一	十二	十三	十四降漢		
三爲漢所破	王韓信一月	二	三	四	五	六
十	十一降漢					

十七	十八	十九	二十	二十一	二十二	二十三	二十四
十七	十八	十九	二十	二十一	二十二	二十三	二十四
十七	十八	十九	二十	二十一	二十二	二十三	二十四
十七	十八	十九	二十	二十一	二十二	二十三	二十四
四十二	四十三	四十四	四十五	四十六	四十七	四十八 爲漢所殺	
八	九	十	十一	十二	十三	十四 爲漢所殺	
二	三	四	五	六	七	八	九
五	六	七	八	九	後九月	三年十月	十一
十七	十八 爲漢所殺						
十七	十八	十九	二十	二十一	二十二	二十三	二十四
三十四	三十五	三十六	三十七	三十八 爲漢所殺			
七	八	九	十	十一	十二	十三	十四

	二十五	二十五	二十五	二十五走降漢		十	十二	二十五	十五
	二十六	二十六	二十六			十一	正月	二十六	十六
	二十七	二十七	二十七			十二	二	二十七	十七
	二十八	二十八	二十八			十三	三	二十八	十八
	二十九	二十九	二十九			十四	四	二十九	十九
	三十	三十	三十			十五	五	三十	二十
	三十一	三十一	三十一			十六	六	三十一	二十一
	三十二	三十二	三十二薨			十七	七	三十二	二十二
	三十三	三十三	子驩一月			十八	八	三十三	二十三

	三十四	三十四	二		十九	九	三十四	二十四
	三十五	三十五	三		二十	四年十月	三十五	二十五
	三十六	三十六	四	耳復王趙 一月	二十一 爲漢所殺	十一	三十六	二十六
	三十七	三十七	五	二		十二	三十七	二十七
	三十八	三十八	六	三	王韓信一月	正	三十八	二十八
	三十九	三十九	七	四	二	二	三十九	二十九
	四十	四十	八	五	三	三	四十	三十
	四十一	四十一	九	六	四	四	四十一	三十一
	四十二	四十二	十	七	五	五	四十二	三十二

四十三	四十四	四十五	四十六	四十七	四十八	四十九爲漢所殺
四十三	四十四	四十五	四十六	四十七	四十八	四十九徙王長沙
十一	十二	十三	十四	十五	十六	十七爲漢所虜
	分爲淮南王英布一月	二	三	四	五	六
八	九	十	十一	十二	十三	十四
六	七	八	九	十	十一	十二徙王楚
六	七	八	九	五年十月	十一	十二
四十三	四十四	四十五	四十六	四十七	四十八	四十九
三十三	三十四	三十五	三十六	三十七	三十八	三十九

	王故齊王韓信十三		分立長沙王故衡山王芮五十	七	十五		正月 即皇帝位	五十	始立梁國，王彭越一月	四十
	十四		五十一	八	十六		二	五十一	二	四十一
	十五		五十二	九	十七		三	五十二	三	四十二
	十六		五十三	十	十八		四	五十三	四	四十三
	十七		五十四	十一	十九		五	五十四	五	四十四
	十八		五十五	十二	二十		六	五十五	六	四十五
	十九		五十六薨	十三	二十一薨		七	五十六	七	四十六
	二十		子臣一月	十四	子敖一月		八	五十七	八	四十七

	二十一	二	十五	二	九	五十八爲漢所虜	九	四十八
	二十二	三	十六	三	後九	王盧綰一月	十	四十九

案：張照攷定之表，尚有四誤：秦末有年，漢初無年，自亂其例，一誤也。漢有五年而無元、二、三、四年，是見龍无首也，二誤也。諸侯罷戲下之國，各本於漢屬四月，各國稱三月。三月皆誤，四月不誤，項紀、高紀可證。今皆列於三月，三誤也。自元年一月至五年十二月，二年有閏，實爲四十九月，今以爲四十八月，四誤也。故復訂之。

漢興以來諸侯年表第五

案：此篇以下，褚先生補而託之太史公者也。敍論云：「臣遷謹記高祖以來至太初諸侯。」今案：太史公述漢事不自此始，而臣遷之稱突出於此者，非遷作而託之遷，猶非褚先生作而託之褚先生也。「臣遷」之稱始於此，「太初」之文亦始於此，益可爲「太初而訖」非太史公語之證。知是褚先生補者，其人能補史記，必與太史公文相似，不在楊平通下，故知所補在此不在彼也。

高祖功臣侯〔者〕年表第六

案：此并褚先生補，亦爲後人竄亂也。敍論云：「至太初百年之間，見侯五。」夫曰「至太初間」者，即所謂「太初而訖」也。表乃云「太初元年，盡後元二年，十八」，是抹去天漢、太始、征和年號，納之太初，遂以後元二年爲太初十八年，以牽合於「太初而訖」之説，則何不表至孺子嬰初始三年，亦不過太初一百十四年，不仍可謂「太初而訖」乎？「見侯五」，(索隱)〔正義〕謂〔三〕「平陽侯曹宗、曲周侯酈終根、陽(河)〔阿〕侯齊仁、〔四〕戴侯秘蒙、穀陵侯馮偃」也。今案：穀陵侯偃建元四年後即無攷，不及太初，當是遺脱。征和二年，平陽侯宗坐太子死，國除。三年，陽(和)〔阿〕侯仁，後元二年，曲周侯終根、戴侯蒙皆坐視詛死，國除。則終是表於所謂「見侯五」者無一存焉矣，此豈一人之言乎？

惠景間侯者年表第七

案：表云「太初已後」，下云「容成侯光，後元二年坐祝詛，國除」，竄亂與上篇同。

建元以來侯者年表第八

案：表云「太初已後」，下云「南奅侯賀、龍頟侯長征和二年國除」，竄亂與上二篇同。末云「後進好事儒者褚先生曰：『太史公記事，盡於孝武之事』」。曾謂褚先生并「太初而訖」之言而食之乎？此詭託褚先生者之辭，「後進好事儒者」殆其所以自謂乎？

建元以來王子侯者年表第九

案：此表訖於太初，與漢興以來諸侯年表同，褚先生補，尚未經竄亂也。

漢興以來將相名臣年表第十

張晏云：「亡。」

案：表云「孝景元年置司徒官」，不知哀帝始改丞相爲大司徒，光武去「大」，乃稱司徒，孝景時安得有此官？又述事至孝成鴻嘉元年，殆自表其非才妄續耶？集解云：「太始以後，後人所續。」引班固云：「遷記事，訖于天漢。」說亦非也，詳序證麟止後語節注及太史公自序下。

八書

禮書第一

張晏云：「亡。」司馬貞曰：「取荀卿禮論。」

案：此書敍論，專爲太初改元、改正朔、易服色而發，非「麟止」以前語。下録禮論，與樂書録樂記，皆與漢事不相及，豈不於封禪、平準等書爲自亂其例乎？豈若漢書禮樂志之得體乎？

樂書第二

張晏云：「亡。」司馬貞曰：「取禮記樂記。」

案：敍論云：「後伐大宛得千里馬，作歌。中尉汲黯進曰：『先帝豈能知其音耶？』丞相公孫弘曰：『黯誹謗聖制，當族。』不知弘卒於元狩二年，黯卒於元鼎五年，至太初四年乃得宛馬，後黯卒十二年、弘卒二十一年矣。作僞者乃欲起二死人於地下，爭論於武帝之前，與玉臺新詠所載柏梁臺詩，梁孝王與衞大將軍聯句，其不知世次相同，甚可笑也。

律書第三

案：八書皆贋鼎，此篇以下，皆後人取漢書諸志補之也。張晏所序亡篇有兵書。顏師古曰：「序目無兵書。」小司馬於太史公自序「兵權」下云：「卽兵書也，遷没之後亡，褚少孫以律書補之。」是小司馬亦知此書非太史公作也，特未知律書取於律志，故猶誤以爲褚少孫補也。敍論「武王伐紂，吹律聽聲」等語，乃補竄者用爲僞託兵書之據，不知兵書當言卒乘之制，此仍見其不類也。

歷書第四

案：此書例以五帝本紀而剌謬者三：本紀謂堯以閏月正四時，是堯以前用陽歷，未置閏也，詳「閏月」句下，此則歸之黃帝，一也。本紀顓頊繼黃帝，無少皞，此有少皞，插入黃帝、顓頊之間，二也。五帝無少皞，故本紀無「終始五德」之説，此書言之甚詳，三也。録自漢書律歷志而背謬者亦三：志云「其以七年爲元年」，上承「元封七年」爲文，明乎元封七年改元太初也。此書上承「今上即位」爲文，則似建元七年改爲太初元年矣。此割裂漢書而誤者一也。十二諸侯年表終於周敬王四十三年，歲在甲子，以此下推，則太初元年屬丁丑，資治通鑑因之。此與漢書以是歲爲焉逢攝提格，爾雅：「焉逢，甲也。攝提格，寅也。」此因襲漢書而誤者二也。凡甲年寅月屬丙不屬甲，爾雅月在甲曰畢，正月爲陬，此書云月名畢聚，「聚」即「陬」之聲通字也。漢書尚無此句，此增飾漢書而誤者，三也。

天官書第五

案：此書録漢書天文志，而次序互異，詳略不同也。分野以州言，與天文志同；以國言，與左氏傳、周禮注、地理志皆異，何其雜也！謂漢之興，五星聚于東井，本紀無之，即可爲非太史公語之證。更有不類者，一大爲天，日次之，星則小矣，此書乃曰：「中宮天極星，其一明者，泰一之常居也。」正義：「太一，天帝之別名。」又曰：「其内五星，五帝坐。」索隱謂「蒼帝靈威仰」之類。是六天帝亦星名，豈天小於日乎？抑日小於星乎？或星亦有日神之坐，猶當爲天帝所屬，其如天帝有星，日神無星何？且書襲志，志出甘石星經。説文女部引甘氏星經：「太白上公妻曰女媊。」此與織女嫁牽牛同一矯誣，視六天帝而有甚焉。劉歆以前豈有此乎？歆爲天文志而託始於甘石星經，猶之爲三統歷而託始於黃帝、顓頊、夏、殷、周、魯六歷，爲「終始五德」之説而託始於鄒衍，五色人帝則託始於呂覽，六天帝五色天帝上有昊天上帝，故爲六。與分野皆託始於周官司服及馮相氏、保章氏，爲春秋古文則託之左、穀，爲古文尚書則託之孔安國，皆歆與所徵通逸禮、古書、周官、爾雅、天文、圖讖千數人所作也。

封禪書第六

案：此書録漢書郊祀志而去其昭、宣以下也。餘詳孝武本紀下。此書之自相矛盾有獨甚者，天帝有五，以五德分五色，人焉知之？豈有人曾上天乎？曰以五色人帝所感生，推而知之也。五色人帝之説，自「終始五德」始。「終始五德」之説，此書謂自齊威、宣時騶子始，其説亦不足信，詳序證五德節及孟荀列傳下。姑如其説，據之則是齊威、宣以前未有爲「終始五德」之説者，即無人知有五色天帝矣，何以秦襄公、文公在春秋前已祠白帝，宣公與魯莊公同時，已祠青帝，靈公猶在姜齊未亡、田齊未興之時，已祠黃帝、炎帝乎？矛盾一矣。謂秦水德，色上黑，何以終秦之世，徧祀青、黃、赤、白四帝，獨遺黑帝不祭乎？矛盾二矣。漢高赤帝子，何以祭黑帝？矛盾三矣。當由所徵通天文圖讖者所爲，不出一手，國師公不及親覽，故不能畫一焉。

河渠書第七

案：此書録漢書溝洫志而去其「自鄭國渠以下」。

平準書第八

案：此書録漢書食貨志而任意割裂也。志上篇曰「漢興，接秦之弊」，上承「始皇并天下，内興功作，外攘夷狄」而言。此無上文，則「接秦之弊」何弊乎？又云「自天子不能具鈞駟，將相或乘牛車」，上承「民亡蓋藏」，下啟「約法輕租」而言。其下篇曰「以爲秦錢重，難用，更令民鑄莢錢」，上承「秦錢半兩」而言。此書於「將相乘牛車，齊民亡蓋藏」下，突接云「於是爲秦錢重難用」。語無倫次至此，此後世妄人所爲，非劉歆之過也。或曰安知非劉歆爲書，班氏增書爲志耶？曰自五行志外，無班氏作者，詳序證要略節注。必是劉歆作志，後人截之爲書也。古文行文如造物生人，全體皆具，非若造偶人者，始造頭，次造身，次造股肱手足以附益之也。知劉歆必不造不完具之律歷、天官、封禪、河渠、平準書，而造完具之律歷、天文、郊祀、溝洫、食貨志者，如增書爲志，便如造偶人者，支支節節爲之，此劉歆所不屑爲。惟截志爲書，乃如殘全體爲斷頭、陷胸、折足之人也。折足謂至「烹弘羊，天乃雨」而止，詳序證漢書節，此直不通文理者所録爾。

〔一〕（齊）宋〔齊〕晉君死　據史記十二諸侯年表乙正。

〔二〕我（怒）〔恐〕　據史記六國年表改。

〔三〕（索隱）〔正義〕　據史記高祖功臣侯者年表注改正。

〔四〕陽（河）〔阿〕侯齊仁　據史記高祖功臣侯者年表正義改正。下文「陽（和）〔阿〕侯仁」，據史記正義改。陽阿，索隱：「縣名，屬上黨。」

史記探源卷五　三十世家

吳太伯世家第一

餘祭四年，吳使季札聘於魯至晉國其萃於三家乎

案：此文雖出左邱明，非當時語也。孔子世家曰：「古者詩三千餘篇，及至孔子取三百五篇，皆絃歌之以求合韶、武、雅、頌之音，禮樂自此可得而述。」論語：「子曰：吾自衞反魯然後樂正，雅、頌各得其所。」然則孔子反魯以前，國風必不止於十五，雅、頌亦未得其所，不盡可以絃歌，何以季札觀樂，爲歌周南以下，與孔子删存之詩無少增損，而皆可絃歌，與正樂後無異耶？且自二南至三頌，學童誦之，極速須歷數時；使工弦歌，則曼聲緩節，恐非一日所能畢。客來觀樂，豈如計吏鉤稽案牘，窮日夜之力爲之耶？是聘魯之文，非當時語也。「適衞，說蘧瑗、史狗、史鰌、公子荆、公叔發、公子朝。」案：是歲爲魯襄公二十九年，孔子年八歲。世家：「定公十四年，孔子年五十六，反乎衞，主蘧伯玉家。」呂氏春秋召類篇：「史默曰：『今蘧伯玉爲相，孔子爲客，子貢使令於君前。』」說苑：「衞靈公問於史鰌云云。少焉子路見公，公以史鰌言告之；少焉子貢入見，公以二子言告之。是子路、子貢從夫子適衞後，伯玉、史魚尚在也。左定十三年傳：「初，衞公孫文子朝而請享靈公，退見史鰌而告之。及文子卒，衞侯始惡於公叔戌。」十四年春，衞侯逐公叔戌。是公叔文子卒於定十三年也。公叔文子

卽公叔發，惟公叔氏是世卿，從政不以年限。伯玉似非公族，史鰌更屬庶姓。禮曰：「四十曰强，而仕，五十曰艾，服官政。」則入仕必在四十以上，再越四十八年，而孔子適衞，皆庬期矣。諸書但言三人之賢，不言其壽，豈應於衞獻之世卽爲卿佐，是適衞之言，非當時語也。「適晉，說趙文子、韓宣子、魏獻子曰：『晉國其萃於三家乎？』」案：趙、韓、魏三子雖相繼秉政，然前乎趙文子者爲中行穆子、中行獻子，後乎魏獻子者爲范獻子，至中行文子、范昭子與趙簡子相攻，知伯瑶尤强，幾滅趙氏。是時六卿之勢力不相上下，季札非蓍非蔡，何由知中行、范、知必滅，分晉者在此三家乎？自是三家分晉後語，猶之「八世之後，莫之與京」，爲田氏王齊後語，可以知左邱明之世次，而雪親見夫子之誣矣。

夫子獲罪於君以在此，懼猶不足，而又可以畔乎

索隱：「左傳曰：『而又何樂？』此『畔』字宜讀曰『樂』，謂聞鐘聲也，畔非其義耳。」案：「畔」當讀爲「槃于游田」之「槃」，書僞孔傳、詩般箋皆訓爲「樂」，易訟馬注：「槃，大也。」方言一：「般，大也。」說文：「伴，大也。」「半」、「般」同聲，故彼借「槃」、「般」爲「伴」，此借「畔」爲「般」、「槃」也。「又可以畔乎」與左傳「而又何樂乎」義同。索隱知義而不知聲，直是改「畔」爲「樂」，非「讀曰」之謂，且「畔」豈可讀曰「樂」乎？

豈以死倍吾心哉接闔弒王餘祭接弟餘眛立接王餘眛三年接楚公子圍弒其王夾敖而代立

〇六年楚靈王會諸侯〇七年楚伐吴〇八年楚復來伐〇十五年楚公子棄疾弑其君靈王代立焉〇十七年王餘眛卒

案：各本誤脱「闔弑王餘祭」句；誤倒二王之年；誤增「十七年，王餘祭卒」句；誤移「弟餘眛立」句於其下；誤「餘眛三年」爲「七年」，猶以爲餘祭之年也。下因誤「六」爲「十」，誤「七」爲「十一」，誤「八」爲「十二」，誤「十五」爲「二」，誤「十七」爲「四」。今依春秋經左氏傳及年表補正。

於是吴公子光曰接兩公子將兵攻楚至而内空無骨鯁之臣接此時不可失也至母老子弱接是無奈我何

案：各本「兩公子將兵」至「骨鯁之臣」四句，誤在「母老子弱」下，今依左傳正。

而忘句踐殺汝父乎

案：各本句首衍「爾」字，當是「而」字之旁注誤入正文，又倒在上也。今删。

六年，吴王夫差聞齊景公死至吴王不聽，遂北伐齊接至繒，召魯哀公而徵百牢至至與魯盟乃去接十一年，復北伐齊接齊鮑氏弑齊悼公至齊人敗吴，吴王乃引兵歸接十二年，復伐齊，越王句踐率其衆以朝至吴王不聽接遂伐齊，敗齊師於艾陵而歸接使子胥於齊至以觀越之滅吴也接十三年

案：各本誤「六年」爲「七年」，移「敗齊師於艾陵」句於會繒之前，皆在七年，又脱「十二年」三字，今

皆依年表正。

吳王與晉定公爭長接吳王已盟

案：各本中云：「吳王曰：『於周室，我爲長。』晉定公曰：『於姬姓，我爲伯。』趙鞅怒，將伐吳，乃長晉定公。」此劉歆竄入左傳以釋春秋，又竄入此篇也。國語吳語：「吳王以日中爲期，而味明振旅，聲動天地，又使罪人自剄酬客，凡以爭先歃耳。」故下曰「吳公先歃，晉侯次之。」即左傳趙鞅呼司馬寅曰：「建鼓整列，二臣死之，長幼必可知也。」司馬寅曰：「今吳王有墨，國勝乎？太子死乎？且夷德輕，不忍久，請少待之。」注：「少待，無與爭。」據此言則下文必無先晉之理，而曰乃先晉人，此於上文且相背，不但於國語相背矣。其所以爲此言者，以春秋書曰：「公會晉侯及吳子于黃池。」公羊傳曰：「吳主會則曷爲先言晉侯？不與夷狄之主中國也。」豈以歃之先後爲次乎？古文學家務與今文相反，故以先晉侯釋之。竄入世家者，削去司馬寅語，更無倫次。豈趙鞅怒將伐吳，吳遂懼而從之乎？今刪。

余讀春秋、國語

案：各本作「春秋古文」，此劉歆竄改也，今依五帝本紀贊語正。

齊太公世家第二

太公望呂尙者

索隱：「譙周曰：『姓姜，名牙。』案文王得之渭濱，云：『吾先君太公望子久矣，故號太公望。』蓋『牙』是字，『尙』是其名，後武王號爲『師尙父』。」則「尙父」官名。

師尙父

集解：「劉向別録曰：『師之，尙之，父之，故曰師尙父。』」

案：呂尙之「尙」卽尙父之「尙」。「尙父」本是尊號，其後解爲官名，又後去「父」存「尙」，誤謂人名，轉以「牙」爲字矣。周初王公皆無字，太公望何獨有之？譙周謂名「牙」是也。

武王曰：「未可。」還師接居二年

案：各本中云：「與太公作此泰誓。」是謂泰誓篇文，乃武王與太公合作，豈如裨諶、世叔之草創、討論乎？抑如漢武帝、衞大將軍之柏梁聯句乎？「此」字更不可通，上承「還師」爲文，豈此數語亦泰誓文乎？增竄之跡甚彰，去此句乃與周本紀同。今刪。

五年○桓公許，與魯會柯而盟。魯將盟，曹沫以匕首刼桓公於壇上至而桓公於是始霸焉

案：此盟於魯爲莊公十三年，春秋書之。太史公於此事，再見於魯世家，三見於管仲傳，四見於魯仲連傳，五見於刺客傳，且爲齊霸所自始，中録管仲語，視公羊傳爲詳，繁露、説苑亦載之，此固春

秋時一大事焉。左氏於是盟無傳，惟於十年長勺之戰有曹劌戰勝而無反侵地事。「劌」、「沬」聲近，必是一人，改刼爲戰，故與今文學立異，此古文家恆情也。

昔三代受命，何以異於此乎！吾欲封泰山禪梁父至桓公乃止

案：此桓公之微言，意欲稱王也。管仲謂遠方珍怪物至乃得封，即諷以四海尚未一統，故桓公意止。

初齊桓公之夫人三：王姬、徐嬴、蔡姬

案：徐嬴各本誤作「徐姬」，涉上下文兩「姬」字而誤也。今依左傳正。索隱：「徐，嬴姓。今言『徐姬』者，姬是衆妾之總稱，未盡是姓。」望文生訓，何以下文葛嬴，宋華子不稱葛姬宋姬耶？

冬十月乙亥，齊桓公卒○而立公子無詭爲君○以故宮中空，莫敢棺，桓公尸在牀六十七日○十二月乙亥，無詭立，乃棺接**辛巳夜，斂殯○無詭立，三月死，無謚○孝公元年三月，宋襄公率諸侯兵送齊太子昭，齊人恐，殺其君無詭**至**五月，宋敗齊四公子師而立太子昭**

案：各本「乃棺」下有「赴」字，此劉歆竄入左傳，以徇其經書卒日爲赴日之謬説，詳序證告則書節，又據左傳竄入也。左傳曰「十二月乙亥赴」，彼言「赴」，不言「棺」，則此言「棺」不言「赴」，明矣。今正。春秋僖十七年：「十有二月，乙亥，齊侯小白卒。」此文在十月者，列國雜用夏正，不獨晉也，齊亦有之。文十(七)〔四〕年九月，〔一〕齊商人弒其君舍，左氏在七月。襄十九年七月辛卯，齊侯環卒，左氏在五月壬辰。皆先二月，經用周正，傳用夏正故也。壬辰後辛卯一日，其卒當在亥、子之間，故經書辛卯，傳謂壬辰也。以彼例之，此云「十月乙亥，齊桓公卒」，即經之「十二月乙亥，齊侯小白卒」也；此云「十二月乙亥無詭立」，乃在周正二月矣。惟此云「三月，宋襄公率諸侯兵送齊太子昭」，春秋在正月，此轉後經二月。月分既乖，事實亦必有誤矣。蓋齊桓公於夏正十月，即周正十二月卒。正月，宋公伐齊。二月，無詭立而殯桓。五月，宋師與齊師戰，齊師敗績，乃殺無詭而立昭也。此文與左傳皆經後人竄改，故殺無詭在三月，而宋所敗者爲四公子之徒。史記原文若何，今無從攷正矣。

惠公二年長翟來，王子城父攻殺之

案：此長翟焚如之弟榮如也。魯世家載此事亦在是年，左傳以爲齊襄公二年。杜注：「魯桓公十六年，齊獲榮如。」案：晉獲棼如，在魯宣公十五年，上距桓公十六年百有三年矣，豈榮如被獲百有三年而其兄棼如尚能爲寇乎？惟獲榮如在惠公二年，乃當魯宣公二年，弟先兄獲十四年耳，事理爲近。

蕭同姪子

案：各本作「蕭桐叔子」，此劉歆從左傳改，今依晉世家及公羊傳正。解詁：「蕭同，國名；姪子者，蕭同君姪娣之子嫁於齊，生頃公。」案：凡稱姪娣之子者，別於適夫人之子也。古雖同父之子，猶以母之貴賤爲貴賤，故曰母以子貴，子以母貴。郤克不曰「蕭同之子」而曰「蕭同姪子」者，更含賤之之意。左氏改爲「叔子」。杜預解作「蕭桐叔之子」，賤之之意不達矣。劉歆務爲苟異，故失當時語意也。晉世家既從公羊，此文雖眞出左邱明，太史公不當兩從，以致自相乖異，況歆語乎！

成請老於崔，崔杼許之

案：各本作「成請老於崔杼」，此「杼」字涉下文而衍，今刪。崔者，邑也，下文「崔，宗邑」可證。

昭公乃請齊伐魯，取鄆，以居昭公，接四十二年

案：各本中云：「彗星見。景公坐柏寢，歎曰：『堂堂！誰有此乎？』羣臣皆泣，晏子笑。景公曰：『彗見當齊分野』」云云。此從晏子春秋竄入，且誤合二事爲一事也。彼文：「景公游于牛山，北臨其國城而流涕曰：『若何去此而死乎？』艾孔、梁邱據皆從而泣，晏子獨笑于旁。」此一事也。又云：「景公之時，熒惑守于虛。虛，齊野也。」此又一事也。分野之說，創自劉歆，詳序證分野節。晏子春秋此言亦劉歆竄入，又竄入世家也，今刪。

鮑子弒悼公，赴于吳

案：年表、吳世家同。左傳謂悼公殺鮑牧，而於弒悼公者但曰「齊人」，不得其主名，亦劉歆之立異

也。此時有弑君之權力者，田乞而外，非鮑子而誰？

魯周公世家第三

周公佐武王 接 破殷

案：各本中有「作牧誓」三字，與齊世家「武王與太公作此泰誓」語，增竄之跡略同。此更可笑，豈不作牧誓便不能破殷耶？今删。

封周公旦於 接 曲阜

案：各本中有「少昊之虛」四字，後人竄入也。五帝本紀無「少昊」，何有「少昊之虛」？且營邱不言「逢公之虛」，商邱不言「閼伯之虛」，於陳不言「顓頊之虛」，於鄭不言「祝融之虛」，此獨何以異之耶？今删。

周公於是乃自以爲質

案：撰異曰：「此今文也，質讀爲『周、鄭交質』之『質』。正義曰『以贄幣告三王』，誤矣。尚書作「公乃自以爲功」。案：作「功」者古文。

旦巧

案：此今文説也。尚書作「予仁若考」，僞孔傳曰：「我周公仁能順父。」以「父」訓「考」。僞孔傳乃王肅所作，晉古文說多出漢古文。太史公訓「考」爲「巧」，故以「巧」字易之，「考」、「巧」皆从「丂」聲，例得相通，則與古文說異矣。

周公恐天下聞武王崩而畔，周公乃踐阼代成王攝行政當國。管叔及其羣弟流言於國曰：「周公將不利於成王。」周公乃告太公望、召公奭曰：「我之所以弗辟而攝行政者，恐天下畔周，無以告我先王。」○管叔、武庚等果率淮夷而反，周公乃奉成王命，興師東伐接遂誅管叔，殺武庚，放蔡叔

案：此今文說也。大傳曰：「管叔流言於國曰：『公將不利于王。』奄君薄姑謂祿父曰：『武王既死矣，今王尚幼矣，周公見疑矣，此世之將亂也，請舉事。』然後祿父及三監叛也。周公以成王之命殺祿父，遂踐奄。」與此篇合。皆謂周公聞流言，卽奉王命率師東征，故能平亂，無避居事。尚書曰：「武王既喪，管叔及其羣弟乃流言于國曰：『公將不利于孺子。』周公乃告二公曰：『我之弗辟，我無以告我先王。』周公居東二年，則罪人斯得。」鄭注：「辟，謂辟居東都，言我今不辟孺子而去，我先王以謙讓爲德，我反有欲位之謗。無告于我先王，言愧無辭也。居東者，出處東國待罪，以須君之察己。」義與伏生、太史公說絕異，此古文說也。信若是，正落三監度內，得不卽日舉兵西向滅周，周公顧有以告我先王耶？乃周公辟居東都，則祿父伏而未動，遷延二年之久，俟周公復持兵柄，始畔逆以取誅夷，天下有與此癡人作賊者乎？然鄭此注，古文經之「居」字啟之，世家無此，蓋亦本於今

文也。各本「東伐」下有「作大誥」句，後人從書序竄入，詳序證書序節，今删。

諸侯咸服宗周接周公歸報成王

案：各本中述「作餽禾」，「作嘉禾」事，亦從書序竄入，今删。

成王七年至周公乃還政於成王

案：此今文說也。自武王崩，周公踐阼代成王攝行政當國，至成王七年，即周公攝政七年也。明堂位曰：「武王崩，成王幼弱，周公踐天子之位，以治天下。六年，朝諸侯於明堂，七年致政於成王。」是周公攝政七年，卽成王七年也，與此文合。鄭君乃曰文王崩後，明年生成王。則武王崩時，成王年十歲，服喪三年畢，成王年十二，明年將踐阼，周公欲代之攝政，羣叔流言，周公辟之居東都，時成王年十三也。居東二年，成王收捕周公之屬黨，時成王年十四也。明年秋大熟，遭雷風之變，時周公居東三年，成王年十五，迎周公反，則居攝之元年也。見詩豳譜疏及禮明堂位疏。案：鄭以居攝元年爲成王五年，則五年以前，政自誰出？文王世子曰成王幼，不能涖阼，周公相，踐阼而治。以此言之，豈成王年十四以前，不幼不弱，自能踐阼，至年十五，乃復幼弱，不能涖阼，復迎周公踐阼而居攝乎？古文學說之不通事理，無甚於此者，故詳辯之。

錭錭如畏然接周公接恐成王壯，治有所淫佚，乃接稱：「爲人父母」

案：各本「畏然」下云「成王少時病，周公自揃其蚤沈之河，亦藏其策於府」至「反周公」一節，豈有周公兩次禱疾，兩次被譖，成王兩次見書而泣，皆如一轍之理？此節出蒙將軍傳，乃蒙氏之寓言，自喻其忠於二世也。詳序證傳記寓言節及彼傳下。妄人誤謂實事，據以竄入世家，文亦彼詳此略，可爲彼係原文、此乃節要之證。「周公」下竄入「歸」字，「乃」字下云「作多士作無逸」，亦從書序竄入。多士之文以告商王士，豈亦恐成王壯，治有所淫佚而作耶？今皆删正。

故祖甲饗國三十三年接自湯至于帝乙

案：各本中云「多士稱曰」，不知上下文皆述周公之辭，增此四字作史臣引尚書語何爲？今删。

其民皆可誅，周接文王日中昃不暇食

案此「周」字下屬「文王」爲句，别於上文皆言殷王也。各本從中插入「多士」二字，遂成「周多士文王日中昃不暇食」，尚成何語？若以多士爲篇名，則此文不出多士，乃出無逸。今删。

以誡成王接周公在豐

案：各本中敍「作周官」、「作立政」事，亦從書序竄入，今删。

周公卒後，秋未穫，暴風雷雨，禾盡偃，大木盡拔至以褒周公之德也

案：此今文説也。大傳曰：「周公死，天乃雷雨以風，禾盡偃，大木斯拔，國恐。王與大夫開金縢之書，執書以泣，乃葬周公於畢，示天下不敢臣也。」與此説合。尚書此文在「周公居東」下，王乃開金

滕而迎周公歸，則節次與今文家異。今文說無辟居事，則雷風之變無緣在周公生前也。凡此篇所録金縢文，其爲今文說四、今文一，無一從古文說者。

王乃得周公所自以爲質

案：質，各本誤作「功」。此後人據古文尚書改，致與上文「乃自以爲質」句乖異。今正。

伐之於肸接曰：「陳爾甲胄」

案：各本中有「作肸誓」句，亦從書序竄入，今删。

文公十一年，魯敗翟于鹹，獲長翟喬如至以命宣伯接是歲接鄋瞞伐宋至獲長翟緣斯

案：各本「宣伯」下，誤作「初，宋武公之世」。此後人據左傳改，今删。「是歲」二字，依年表補。年表：宋武公卒於魯惠公二十一年，前此百三十二年也。宋獲緣斯在昭公二年，宋世家同，卽魯文公十一年，是宋獲緣斯與魯獲喬如同歲也。齊獲榮如，左傳以爲襄公二年，則前此八十年。此篇及齊世家皆謂惠公二年，乃後此十年也。至魯宣公十五年，晉獲焚如，四人之被獲，相去二十三年耳，於理爲近。據左傳則榮如被獲先其兄焚如百有三年，豈有弟死百餘年，其兄尚能爲寇者乎？此篇齊獲榮如之歲，與齊世家同，與左傳異，不應宋獲緣斯之歲，與年表、宋世家皆異，與左傳同也。其爲妄人竄改，明矣。

比及葬，三易衰接昭公三年，朝晉

案：各本中云：「君子曰：『是不終也。』」左襄三十一年傳曰：「君子是以知其不能終也。」謂不能終於君位也，依彼竄入而截去數字，似謂不終喪禮矣。滅裂至此，今刪。

十二年，使仲由毁三桓城至伐之不克而止闕季桓子受齊女樂，孔子去

案：受女樂在十四年，此承十二年事而言，中有闕文也。

觀接隱、桓之事接及叔牙、慶父、湣公之際接襄仲殺適立庶至昭公以奔接何其亂也接至揖讓之禮

案：各本誤作「觀慶父及叔牙、閔公之際，何其亂也？隱、桓之事」云云。退「隱、桓」於「閔公」之下，移「何其亂也」句於「隱、桓」之上，豈隱、桓、襄仲、昭公之事不爲亂乎？季友鴆死叔牙，而後慶父弑湣公，是叔牙與湣公不相及也。全書湣公、湣王皆作「湣」，無作「閔」者，則「觀慶父及叔牙、閔公」句，「慶父」誤倒在「及叔牙」上，「閔」字乃「湣」字之誤也。今正。

燕召公世家第四

召公疑之接周公乃稱湯時有伊尹

案：各本中有「作君奭，君奭不説周公」二句，例以上下文「召公疑之」、「召公乃説」二句皆稱「召

公」，中間兩稱「君奭」，文例不倫，益可爲從書序竄入之證。今删。序云「召公爲保，周公爲師，相成王，爲左右」等語，尚知與此篇「周公攝政，當國踐阼」語意不合，故未竄入也。

欲去諸大夫而立寵姬宋之黨，大夫共誅姬宋之黨

案：各本兩言「之黨」皆脱。索隱：「劉氏云：『其父兄爲執政。』」年表曰：「公欲殺公卿，立幸臣，公卿誅幸臣。」案：幸臣卽寵姬宋之父兄也，是皆當有「之黨」二字。今補。

及蘇秦死而齊湣王復用蘇代

案：「湣王」各本誤作「宣王」，涉上文而改也。上云「燕噲既立，齊人殺蘇秦。」年表：燕噲元年，齊湣王四年。是蘇秦死於湣王時，復用蘇代者，安得爲宣王耶？今正。

禹薦益句已而以啟人爲吏。及老，而以啟爲不足任乎天下，傳之於益接而勢重盡在啟也接已而啟與友黨攻益，奪之。天下謂禹名傳天下於益接而實令啟自取之

案：各本脱「而勢重盡在啟也」句，「友」誤作「交」，「謂禹名傳天下於益」下復衍「已」字。索隱遂誤讀「禹薦益已」爲句，解曰：「以『已』配『益』，則『益已』是伯益。或曰：『已語終辭。』」以下文兩言「於益」下皆有「已」字也。句讀一誤，説解更不可通，皆脱句衍字使然也，今皆依韓非子外儲説正。

陳杞世家第六

甲戌己丑，陳桓公鮑卒，桓公弟佗接殺桓公太子免而代立接數如蔡淫接所殺桓公太子免之三弟，長曰躍，中曰林，少曰杵臼，接其母蔡女，故蔡人爲殺五父接而立躍接是爲厲公接厲公二年，生子敬仲完接厲公立，七年卒接立中弟林

案：各本誤改、誤析、誤倒、誤竄，紛如亂絲，幾不可讀，今依年表及左傳更正。左傳：「陳厲公，蔡出也。」此以「其母蔡女」屬佗。佗卽五父，此云「爲佗殺五父」。厲公爲躍，在位七年。此以佗爲厲公，躍爲利公。索隱謂「厲、利聲近，遂誤」，是也。春秋：桓公五年，陳侯鮑卒，年六蔡人殺陳佗。則佗殺太子免而代立之次年卽見殺，安得以在位七年之厲公當之？且爲佗殺免者蔡人，爲免弟殺佗者又是蔡人，佗娶蔡女，蔡女淫于蔡人，佗亦數如蔡淫，皆誤析一事爲二事。「桓公病而亂作，故再赴。」「周太史爲敬仲筮，得觀之否。」皆劉歆語，詳序證告則書節及變象互體節。

齊懿仲欲妻陳敬仲，卜之至莫之與京

案：此無漢學家言，自是左邱明語，然可見其爲田齊時人，與吳、晉、趙世家知趙、韓、魏分晉事同。不然，曹騰、蕭順之、楊忠、李昞時皆貴顯，何以無豫知其子孫當爲帝王者乎？

太子之子名吳，出奔晉接楚靈王滅陳五歲

案：各本中云「陳，顓頊之族，陳氏得政於齊，乃卒亡」，語出左昭八年傳，傳又有「歲在鶉火，是以卒滅」等句，皆劉歆竄入，詳序證分野節。今删正。

伯翳之後，至周平王時封爲秦○垂、益、夔、龍，其後不知所封○右十一人者

索隱：「秦祖伯翳，解者以翳、益爲一人，今言十一人，敘伯翳而又別言垂、益，則是二人也。然秦本紀敘翳之功，云『佐舜馴調鳥獸』，與舜典『命益作虞，若予上下草木鳥獸』文同，則爲一人必矣。且舜本紀敘十人，無翳而有彭祖。」

案：以舜本紀例之，此云「垂、益、夔、龍」，疑當作「垂、夔、龍、彭祖」，後人習見垂、益，不知益即翳，誤增益而去彭祖，以合十一人之數爾。

衞康叔世家第七

故紂之亂自此始接康叔之國

案：各本中云「爲梓材，示君子可法則。故謂之康誥、酒誥、梓材以命之」，亦從書序竄入。所爲但有梓材，謂之兼增二誥，無此文理，蓋妄增而又譌脫也。今删。

貞伯卒，子頃侯立。頃侯厚賂周夷王，夷王命衞爲侯

索隱：「康誥稱『命爾侯于東土』，又云『孟侯，朕其弟，小子封』，則康叔初封已爲侯也。比子康伯即

稱伯者，方伯之伯，非至子卽降爵爲伯也。至頃侯德衰，不監諸侯，乃從本爵稱侯，非賂夷王而稱侯也。」

日知錄曰：「頃侯以前之稱伯，乃伯子男之伯也。索隱雖有詩序旄邱責衞伯之文可據，然非太史公意也。古無以方伯之伯而繫謚者，周公、召公二伯也，其謚則曰文公、康公。」

案：顧說是也。康誥稱「爾侯」、「孟侯」，乃諸侯之侯，兼五等之通稱，大傳略說天子太子年十八曰孟侯，雖出今文，殊乖經義，疑是後人僞託。何足爲初封已爲侯之證？上文封康叔爲衞君，不言衞侯，卽可爲非侯之證。二伯之尊比於三公，虢公、鄭伯秉政王朝不終其身，何能世及，頃侯以上焉得六世爲方伯耶？詩序衞宏所作，古文家言，不足以難史記也。

釐侯卒，太子共伯餘立爲君。共伯弟和○攻共伯於墓上，共伯入釐侯羨自殺。衞人立和爲衞侯，是爲武公。

索隱：「此說非也。季札美康叔、武公之德，國語謂之叡聖，又詩著衞世子共伯早卒，不云被殺。若武公殺兄而代立，豈可以爲訓而形之國史乎？蓋太史公采雜說而爲此記耳。」

攷正：「臣照案：武公在位五十五年。國語稱武公年九十五，猶箴儆于國，計其初卽位，其齒已四十餘矣。使果簒共伯而自立，則共伯見弑之時，齒加長於武公，安得謂之蚤死乎？髦者，子事父母之飾，諸侯既小斂，則脫之。史記謂釐侯既葬，而共伯自殺，則是時已脫髦矣。詩安得猶謂之『髧彼兩髦』乎？是共伯未嘗有見弑之事，武公未嘗有篡弑之惡也。」

案：李斯傳：「湯、武弑其主，天下稱義焉。衞君弑其父，而衞國戴其德。」當指此事而言。衞君負篡弑之名，而後世稱其德者，惟武公爾。改兄爲父者，共伯君也，春秋之義，臣子一例。僖公可稱閔公子，則共伯亦可謂武公父。不稱君者，以上文稱其主而避重，修辭之例然也。索隱震於叡聖之名，以爲不當有殺兄事。不思齊桓公殺子糾，唐太宗殺建成與此事同，而以功覆過，逆取順守，有名譽於天下後世亦同，何獨異於武公、共伯耶？共伯蚤死之説，出自鄘風柏舟毛詩序，實因邶風柏舟魯詩説而小變其文，退徙其篇也。劉向傳魯詩者，所爲列女傳曰：「衞寡姜夫人者，齊侯誤作「后」。之女嫁於衞，至城門而寡，入持三年之喪。弟立，請願同庖，不聽。衞君使人愬於齊兄弟，齊兄弟皆欲與君，使人告女。女終不聽，乃作詩曰：『我心非石，不可轉也。我心非席，不可卷也。』」與毛詩序篇名柏舟同，夫人姜氏同，代立者爲衞君之弟同，所親欲其改嫁而弗許，作詩自誓，亦同。惟不言衞君爲共伯，不言自殺，不言蚤死，則與史記、詩序所言皆異。詩序衞宏所作，古文家故與今文説立異，别爲邶風柏舟作序，而移其説以序鄘風柏舟。共姜即「寡姜」之聲轉，所作者邶風柏舟，則鄘風柏舟非共伯妻作，兩髦不謂共伯，共伯亦不蚤死。是詩序無一字不鑿空，史記無一語不蹠實，據彼難此，猶寶康瓠而棄周鼎也。

周平王命武公爲公

案：夷王命衞爲侯，傳世也；平王命武公爲公，及身也。故後世見於春秋仍曰衞侯，世家自莊公以下亦皆稱公者，臣民稱之曰公，非王命爲公也。臣稱其君雖子男之國亦曰公，如春秋書邾子、許男，左傳有邾文公、許悼公是也，何論侯國！

獻公十三年，孫文子語蘧伯玉

案：此與魯襄公十四年傳文同。孔子世家：襄公二十二年孔子生，定公十四年，孔子年五十六，過匡反衞，主蘧伯玉家，後此六十四年矣。曲禮曰「四十曰强，而仕」，若文子見問在伯玉初仕之年，已及四十，再越六十四年，則百有四歲矣。雖古多高年之人，然淮南子曰：「伯玉行年五十而知四十九年非。」莊子曰：「伯玉行年六十而六十化。」以此推之，論語稱伯玉使人於孔子，言夫子欲寡其過而未能，正當在五六十之間，與孔子之年相若，不似百餘歲之人。孫文子逐君之年，孔子未生，伯玉豈應已仕？此事於春秋古文無與，疑是左邱明之失實也。

殤公秋立，十二年，使甯喜攻孫林父。林父犇晉，復求入故獻公。晉平公執殤公與甯喜而復入衞獻公

案：春秋書曰：「衞甯喜弒其君剽，衞孫林父入于戚以叛，衞侯衎復歸于衞。」剽卽秋也，衎卽獻公。此文與之相反，誤也。

衞石曼尃逐其君起○衞出公輒自齊復歸立

索隱：「左傳作『石圃』，此『尃』音圃。穀梁作『曼姑』，『尃』或音姑。諸本多無『曼』字。」

案：年表：「衞君起元年，石傅逐起出，輒復入。」春秋：哀公三年，「齊國夏、衞石曼姑帥師圍戚。」公羊傳曰：「曼姑受命乎靈公而立輒，以曼姑之義，爲固可以距之也。」繁露玉英篇曰：「曼姑拒之，亦貴先君之命也。」然則是年逐起亦爲輒也，爲輒者，貴先君之命也。此事在春秋後，太史公聞春秋於董生，故推春秋意而終言之也。

宋微子世家第八

及祖伊以周西伯昌之修德，滅阢國，懼禍至，以告紂

案：監本重衍「阢」字，似謂阢國懼禍至矣。阢國已滅，尚何懼禍至之有？此從毛本。

乃問於太師、少師

案：此今文也。尚書作「父師、少師」。馬融曰：「箕子，紂之諸父。」鄭君曰：「父師者，三公也，時箕子爲之。少師者，太師之佐，孤卿也，時比干爲之。」此古文說也。周本紀：「殷紂昏亂暴虐滋甚，殺王子比干，囚箕子，太師疵、少師彊抱其樂器而犇周。」殷本紀：微子與太師、少師謀去，而比干剖心，箕子爲奴，殷之太師、少師乃持其樂器犇周。各本「樂器」上衍「祭」字，今依周本紀校正。此以太師、少師爲樂官名，乃今文說也。

紂沈湎於酒，婦人是用，亂敗湯德於下

案：此今文也。呂氏先識覽引武王告諸侯之辭曰：「商王大亂，沈于酒德。」即此所謂「紂沈湎於酒」

也。又曰：「近姑與息，妲己爲政，賞罰無方，不用法式。」周本紀曰：「今殷乃用其婦人之言，自絶于天。」即此所謂「婦人是用，亂敗湯德於下」也。此文與之義同，則是伏生所傳者，乃今文也。尚書作「我用沈酗于酒，用亂敗厥德于下」。改「紂」爲「我」，易「湯」爲「厥」，削去「婦人是」三字，「用」字屬下讀，與此文義者異，自是古文。詳下。

我其發出往

集解：「鄭云：『發，起。紂禍敗如此，我其起作出往也。』」索隱：「往，尚書作『狂』，蓋亦今文尚書意異爾。」

案：索隱以「出狂」爲今文，是以「出往」爲古文。爲漢書儒林傳「遷載微子多古文説」之言所誤爾，倒矣。「我其發出狂」與「我用沈酗于酒」，皆主代紂認過，狂言「天王聖明，臣罪當誅」爾。此晉、唐人之意見。古人以「獨夫」詆紂，豈守善則歸君、過則歸己之常？「我用沈酗于酒」爲古文，則「我其發出狂」亦古文也，「出往」安得爲古文？撰異謂鄭讀「狂」爲「往」，爲從今文，是也。

吾家保于喪

集解：「馬融曰：『卿大夫稱家。』」

案：「我其發出往」者，我其起而出往于周也，即下文「武王伐紂，微子持其祭器造於軍門」之意；「吾家保于喪」者，往周以保吾家，使不至於亡也，即下文爲「死終得不治，不如去」之意，皆今文也。馬融訓「家」字，亦從今文說。尚書作「吾家耄遜于荒」。鄭注：「耄，昏亂也。在家不堪昏亂，故欲遯出於荒野。」改「保」爲「耄」、「喪」爲「荒」而增「遜」字，此古文也。鄭從古文說。

今誠得治國接身死不恨。爲死，終不得治，不如去

案：各本中有「國治」二字，與上句意複，必是衍文。今刪。此今文也，但計去留之宜耳。尚書作「紹王子出迪，我舊云刻子。王子弗出，我乃顛隮」。增「刻子」句。釋文：「馬云：『刻，侵刻也。』」論衡本性篇云：「微子曰：『我舊云孩子，王子不出。』紂爲孩子之時，微子睹其不善之性，性惡不出衆庶。」又增「微子曰」句，改「刻子」爲「孩子」，訓「不出」爲「性惡不出衆庶」。皆古文也。凡史記錄微子篇，係今文而與古文文義皆異者五，無一從古文者。

必爲玉桮，爲玉桮

案：各本下「玉」字脫，今依上句補。

天乃錫禹鴻範九等，常倫所序。初一曰五行；二曰五事；三曰八政；四曰五紀；五曰皇極；六曰三德；七曰稽疑；八曰庶徵；九曰嚮用五福，畏用六極

案：班氏五行志作「洪範九疇，彝倫逌敘」，下云「此武王問雒書於箕子，箕子對禹得雒書之意也。」「六極」下云：「凡此六十五字，皆雒書本文。」志自「二曰」至「九曰」上皆有「次」字，「五事」之屬上有「羞用」、「農用」等十四字，故爲六十五字。此惟四十三字，疑本文與志同，上有「初」字，下不當無

「次」字，末有「嚮用」、「畏用」四字，前何以無「羞用」等十四字也？今本爲後人竄截爾。志又云：「劉歆以爲虙羲氏繼天而王，受河圖，則而劃之，八卦是也；禹治洪水，賜雒書，法而陳之，洪範是也。」案：此說雖出劉歆，班氏引之而弗非，諒不與歐陽、夏侯氏乖違。僞孔傳曰：「神龜負文，有數至于九。」不言「書」而言「數」，遂爲「陳摶以五十五點爲「河圖」，四十五點爲「雒書」所本，邵康節因之，朱晦翁因之，圖入周易本義，而近儒知八卦爲河圖、洪範爲雒書者鮮矣。不知有點無書，亦當云「雒圖」，何得謂「雒書」？

五曰思心○思心曰容○容作聖

案：各本作「五曰思」，「思曰睿」，「睿作聖」。此後人據古文經改，今依撰異稍爲增損以正之曰：尚書大傳曰：「五事曰思心，思心之不容，是謂不聖。」春秋繁露五行五事第六十四曰：「思心曰容。王者心寬大，無不容，則聖能施設。」說苑君道篇：「大道容衆，大德容下。書曰：『容作聖。』」漢書五行志：「傳曰：『思心之不容，是謂不聖。』思心者，心思慮也；容，寬也。孔子曰：『居上不寬，吾何以觀之哉！』言上不寬大包容臣下，則不能居聖位。」此皆從今文也。鄭注大傳曰：「容當爲睿。睿，通也。孔子說『休徵』曰：『聖者，通也。』包貌、言、視、聽而載之以思心者，君思不通，則是非不能心明其事也。」始從古文改今文。應劭注漢書曰：「容，古文作睿。睿，通也。」載其義未改其文也。小顏改之，誤「睿」作「容」，於「容，寬也」以上「容」字盡改爲「睿」，此由不解應注「古文作睿」之古文尚書，誤以爲古字。又謂「睿」、「容」同字，不知小篆「容」，古文作「濬」，深也，私閏切。「睿」，古文作「叡」，通也，以芮切，形音義皆不同。更不顧「容」不訓「寬」，且令漢書上文「思心之不容」，「容，寬也」，下云「言上不寬大包容」，「容」字上無所承，其謬甚矣。裴駰已從古文說，則其時世家亦作「睿」。然史記之文，從無與伏、董異者，此可知矣。

曰雨、曰暘、曰奥、曰寒、曰風，五是來備

案：各本作「曰時，五者來備」，後人所竄改也。今依撰異訂正之曰：「後漢書李雲傳曰：『五氏來備。』章懷注云：『史記曰：「五是來備。」』荀爽傳曰：『五韙咸備。』注：『史記曰：「五是來備。」』玉裁案：此二條可據以證今本史記之誤。今本『曰時五者來備』凡六字，此古文尚書也。『五是來備』凡四字，此今文尚書也。原注李雲、荀爽皆用今文尚書，非用史記也。『氏』者『是』之叚借，『韙』者『是』之轉注也。史記本無『曰時』二字，集解妄引孔傳云『五者各以其時』，與正文不相應，乃從古文尚書增改正文『五是』二字爲『曰時五者』四字矣。」適案：段君說，則以上二條今本雖從古文，亦後人所改，原本亦從今文也。凡史記所録堯典、禹貢、金縢、微子、洪範五篇，今可攷見其爲今文與今文說者二十二條，無一從古文說者。然則漢書儒林傳謂遷載此五篇多古文說，豈非劉歆所詭託，爲己作證人，而誣太史公者哉。

乃命微子開代殷後，奉其先祀接國于宋

案：各本中有「作微子之命」句，從書序竄入。今删。

是謂殤公接殤公元年

案：各本中云：「君子聞之，曰：『宋宣公可謂知人矣，立其弟以成義，然卒其子復享之。』」此劉歆竄入左傳，與公羊立異，又竄入此篇也。今删。此篇贊曰：「春秋譏宋之亂，自宣公廢太子而立弟，國以不寧者十世。」贊語因世家而作，豈有世家褒之，贊語譏之，自相衝決至此之理？贊義出自公羊，此文雖真出左邱明，太史公聞春秋於董生，斷不應雜左氏以亂公羊也，況其時未有此語乎？

其後諸侯數來侵伐接十年，華督攻殺孔父接殤公怒，遂弒殤公

案：各本「侵伐」下云：「九年，大司馬孔父嘉妻好，出，道遇太宰華督，督説，目而觀之」云云，「孔父」下云「取其妻」，此亦劉歆竄入也，今删正。公羊傳曰：「孔父可謂義形於色矣。」督將弒殤公，孔父生而存，則殤公不可得而弒也，故先攻孔父之家。劉歆自知其行與春秋所予者相反，故别造古文與他事之反對公羊者，猶不過破壞春秋。至於污衊孔父，意主含射孔子，與竄入弟子列傳者謂宰我與田常作亂以夷其族，孔子恥之，其鬼蜮之伎倆同。然此誣實易雪也。内則：「女子出門，必擁蔽其面。」詩氓曰：「漸車帷裳。」傳：「帷裳，婦人之車也。」箋：「童容也。」疏：「巾車云『容蓋』。鄭司農云：『容謂襜車，或曰童容。其上有蓋，四旁垂而下，謂之襜。』故雜記曰：『其輤有裧。』注：『裧，謂鼈甲緣邊』是也。」案：此即蔽面之物也。是凡婦人之事，皆有蓋以蔽面，衞國民間淫奔之女且然，

而謂孔父妻出得爲華督所見，是雖曲致其誣，不啻直陳其誣矣。前人爲七略所紿，尊左傳爲經，故習焉不察，一念及此，亦可渙然冰釋矣。

桓公卽位三十年，桓公病

案：各本誤作「秦穆公卽位三十年，桓公病」，誤也。今依下文「三十一年桓公卒」正。

以求諸侯於楚，楚人許之接秋，諸侯會宋公盟于盂接於是楚執宋襄公至以釋宋公接十三年夏，宋伐鄭接秋，楚伐宋以救鄭，至不鼓不成列接楚成王已救鄭

案：各本中皆述目夷譏襄公語，亦劉歆竄入也，今刪。贊曰：「襄公之時，修行仁義，欲爲盟主。其大夫正考父美之，故追道契、湯、高宗，殷所以興，作商頌。襄公既敗於泓，而君子或以爲多，傷中國闕禮義，褒之也，宋襄公之有禮讓也。」此則贊語褒之，世家譏之。贊出公羊，聞春秋於董生者，豈應插入此等語耶？

子共公瑕立，始厚葬接共公九年

案：各本中云「君子譏華元不臣矣」，亦出左傳，劉歆語。今刪。

華元善楚將子重，又善晉將欒書，兩盟晉、楚

攷證：「徐孚遠曰：『在左傳，向戌之事也，此言華元爲誤。』陳子龍曰：『宋共公元年，爲晉成公三年，

傳無兩盟晉、楚之事，其謂爲魯襄二十七年宋之盟無疑。』〔二〕

案：左傳此事在魯成公十一年，適當宋共公九年，與魯襄二十七年之盟别是一事。徐孚遠以不誤爲誤；陳子龍自誤宋共公九年爲元年，魯成公三年爲晉成公三年。攷證取之，貽誤學者，故附正之。

三十七年，楚惠王滅陳接六十四年，景公卒

案：各本中云「熒惑守心。心，宋之分野也」云云，亦劉歆語，詳序證分野節。今删。且秦本紀始皇三十六年亦有是象，是時宋滅已久，誰當其咎？

宋君偃盛血以韋囊，縣而射之，命曰「射天」

案：此事亦見呂氏春秋。然殷本紀：「帝武乙爲偶人，謂之天神。與之博，令人爲行。天神不勝，乃僇辱之。爲革囊，盛血，仰而射之，命曰『射天』。」與此言相似，疑是一事，傳者誤分爲二事爾。

〔一〕　文十(七)〔四〕年九月　據左傳文公十四年事改。

史記探源卷六　三十世家

晉世家第九

周公誅滅唐接遂封叔虞於唐

案：此二句本文直接明甚，各本中云：「成王與叔虞戲，削桐葉爲珪，曰『以此封若』。史佚因請擇日立叔虞。」說苑君道篇、褚先生梁孝王世家補以爲周公所請。是時周公當國，政自己出，何待成王之戲言而請之？此皆傳記寓言，以誡天子無戲言，非事實也。無識者以爲事實而竄入世家。今正。

故曰唐叔虞接唐叔子燮

案：各本中云「姓姬氏，字子于」，妄人竄入也。姓姬氏，見於周本紀，此何待言？豈周之子孫自唐叔外皆別賜姓乎？史於周初王公，字皆無攷，何獨於唐叔稱之？取晚出古文尚書「舞干羽于兩階」之義以字虞，是晉以後人所撰也。今正。

以從盈數，其必有衆接十七年

案：各本中言「畢萬卜仕於晉，遇屯之比」。劉歆語也，詳序證變象互體節。今正。

有賢士五人曰趙衰、狐偃接賈佗、先軫、魏武子

案：各本中有「咎犯，文公舅也」六字，乃旁注誤入正文。咎卽舅也，既以咎犯釋狐偃，不須復以「文公舅也」釋咎犯。此不達「咎」、「舅」聲通之故而爲之辭，竄入正文，於上下文幾不成義。今正。

且言何以易之

案：「易」乃變易之易，謂晉公子不爲此言，更當作何言也。之，此也，「言」字之代名辭也。說文：「且，薦也。」段注：「凡語助云『且』者，必其義有二，有藉而加之也。」此句承上文謂晉公子之不可殺，賢而從者皆國器外，此言無可變易，亦其一端，故曰「且」。索隱：「子玉請殺重耳，成王不許，言人之出言不可輕易之也。」以「言」字屬子玉，子玉惟有此言，何「且」之有？

而用美女乘軒者三百人也

徐孚遠曰：「乘軒三百人，蓋小人濫位。詩所謂『三百赤芾』也。史云美女，亦誤。」

案：此美女之父兄也。如北齊因穆后而寵穆提婆，唐因楊妃而任楊國忠之比，正與詩相發明，何誤之有？

周作晉文侯命：「王若曰」

案：此記事語，真出太史公，與秦本紀「故作此誓」語例相同，無此語則「王若曰」句無所屬也，「與從

書序竄入者殊科。

父義和

集解：「馬融曰：『王順曰，父能以義和諸侯。』」索隱：「尚書文侯之命是平王命晉文侯仇之語，今乃襄王命文公重耳之事。」

案：書序「平王錫晉文侯秬鬯圭瓚」，鄭注：「義，讀爲儀。文侯名仇，故字儀。儀、仇皆訓匹也。」望文生訓，不可通也。左桓二年傳：「初，晉穆侯以條之役生太子，命之曰仇。」杜注：「意取于戰相仇怨。」下文師服曰：「怨耦曰仇。」是文侯之名仇，義取於耦，非取於匹也。鄭謂訓匹而字儀，於左傳適形翩反。不釋「和」字，尤見遁情。馬本序無「平」字，故解此句爲「父能以義和諸侯」，亦不以文侯爲仇。馬融雖爲古文學，亦有時從今文説也。新序善謀篇亦以爲文公重耳，與世家同，與書序異，亦可爲書序乃劉歆作之證。歆於向言，無一不反對也。

范武子請老接 辟郤克

案：各本誤作「魏文子」，魏世家無文子。中有「休」字，當是「老」字之旁注誤入正文。今依左宣十七年傳「范武子將老」，又曰「乃請老」更正。

豎陽穀

案：楚世家、吕氏春秋文同，惟左傳作「穀陽豎」，以三人占從二人之説例之，則此是也。

楚世家第十

饗王之寵姬江芈而勿敬也

集解：「駰案：姬，當作『妹』。」

案：左傳無「寵姬」二字。杜注：「江芈，成王妹，嫁於江。」故裴氏云爾。然既嫁於江，何以反楚？且潘崇教商臣詷察王之密謀，而惟饗江芈，則其專寵如魏王之如姬矣。公羊桓二年傳有「楚王妻娟」語，娟，妹也，疑卽謂此事。否則江亦芈姓，而嫁於楚，如晉獻、驪姬之比。

越王句踐世家第十一

越王乃葬吳王而誅太宰嚭

案：吳世家曰：「越王滅吳，誅太宰嚭，以爲不忠，而歸。」是則賣國之賊臣，亦霸王所甚惡也。左傳：哀公二十二年，越滅吳。二十四年，公如越，將妻公而多與之地。季孫使因太宰嚭而納賂焉，乃止。是謂嚭入越，貴顯如故，奸貪如故也。案：句踐於霸越之文種且不得良死，豈於亡吳之宰嚭仍其故官，縱其舊惡乎？自古霸王之君，有殺功臣無賞奸臣者也。是故周克殷，戮蜚廉；宋滅曹，殺公孫彊；隋平陳，誅五佞。卽不誅者，慕容評入秦未聞仍爲太傅，陽虎事趙簡子不敢爲非。若句踐盡反其道，何以不蹈夫差之覆轍乎？凡史記與左傳異者，若陳佗非厲公，甯喜納衞獻，自當依左傳以正史記。哭秦師者，左傳惟有蹇叔，史記兼謂百里奚。救趙盾者，史記兼屬示眯明，左傳別有靈輒。孰是孰非，兩無所據。惟此事以歷代霸王所爲互證之，可決左傳非而史記是也。

齊威王使人説越王曰至此四邑者，不上貢於郢矣

案：各本文多遺脱，頗難索解。正義曰「龐、長沙出粟之地，竟陵澤出材木之地」，今在正文「龐、長沙」之下「楚之粟也；竟澤陵，楚之材也」之上。注文於正文部位倒錯如此，正文「澤」字又倒在「陵」字上，則餘可類推矣。

鄭世家第十二

武姜生太子寤生，生之難

案：説文午部有「啎」字，解云：「逆也。」朱駿聲謂寤生之「寤」實「啎」之借字，是也。正合「生之難」之義。太平御覽三百六十一引風俗通云：「俗説兒墮地便能開目視者，謂之寤生。」此依寤字之本義爲訓，當因漢俗於兒墮地便能開目視者借「寤生」之名名之，故曰「俗説」。非「寤生」之名爲兒墮地便能開目視者而立也。是以兒墮地不便能開目視者不謂之寐生也。今兒墮地無不便能開目視者，古乃希有，古今人之氣體不同如此。杜注左傳謂「武姜寤而莊公已生」，則是「寤」屬母而「生」屬子，且是易生，姜氏當喜，與左傳「驚姜氏」、世家「生之難」句意正相反，固哉！

人盡天也

案：各本作「人盡夫也」，左傳同。杜注：「婦人在室則天父，出則天夫。」是晉時傳文作「天」不作「夫」也。今正。

釐公五年，鄭相子駟接使厨人藥殺釐公接立釐公子嘉

案：各本「子駟」下云：「朝釐公，釐公不禮，子駟怒。」「釐公」下云：「赴諸侯曰，暴病卒。」此皆劉歆語也。歆創「赴告則書」之説以釋春秋之書「卒」，於此事更不可通。謂孔子不知其弑歟，是易欺也；知之而不改，是故縱也。孔子爲魯司寇之日，設有子弑其父者，爲吏所執囚，以父自病死對，遂以爲無罪而釋之乎？以此法作春秋，亂臣賊子喜矣，何以懼爲？然則春秋書卒，何也？公羊傳謂鄭伯欲會諸侯，大夫欲歸楚，故弑之。春秋不言弑，爲中國諱也。是則被弑不因失禮，書卒不因赴告也。聞春秋於董生者，何從録此異説耶？今正。

勿殺乃止接二十七年夏，鄭簡公朝晉

案：各本中敍子産使晉，對平公以「高辛氏二子」云云，與高辛氏有才子八人語相衝決，詳舜本紀下。下言辰爲商星，參爲晉星，詳序證分野節。且此節意與夢黃熊事相似，疾者皆平公，問疾者皆子産。左傳此事在魯昭公元年，彼事在七年。彼事當出左邱明，此則劉歆竄入。故竄入史記，亦舍彼而取此也。今正。

趙世家第十三

賜趙夙耿接**當魯滑公之元年也**接**夙生共孟**接**共孟生趙衰**

案：各本「夙生共孟」句誤在「當魯滑公元年」句上，直似共孟生於是年矣。滑誤作「閔」，與年表、世家乖異。今皆更正。「魯滑公元年」上承「賜趙夙耿」而言，以下乃言趙氏之世系，生共孟、生趙衰皆在是年之前。年表：魯滑公元年，當晉獻公十六年。晉世家：獻公卽位，重耳年二十一。重耳年十七，有賢士五人，首列趙衰。是趙衰始事重耳，在獻公卽位前四年，豈至獻公十六年，而其父共孟始生耶？一經參校，極堪捧腹，推尋上下，文理實密，後人動謂史記之謬，恐類此者尚多，檢之不盡爾。

晉景公之三年，大夫屠岸賈〇殺趙朔、趙同、趙括、趙嬰齊，皆滅其族。趙朔妻，成公姊，有遺腹，走公宮匿〇免身生男〇程嬰卒與俱匿山中，居十五年，晉景公疾，卜之，大業之後不遂者爲祟。景公問韓厥〇乃曰〇其趙氏乎〇景公問趙尚有後接**乎**至**復與趙武田邑如故**

案：屠岸賈事亦見韓世家，而晉世家及左傳無之。左傳：趙嬰通於趙莊姬，原屏放諸齊，莊姬譖於晉侯曰：「原屏將爲亂。」晉討趙同、趙括即原屏。武從莊姬畜于公宮，以韓厥言，乃立武而反其田。事在魯成公八年至十年。晉侯夢大厲曰：「殺余孫不義。」杜注：「厲鬼，趙氏之先祖也。」案：成公八年，乃晉景公十七年。景公三年，當魯宣公十二年。彼年傳云：「趙朔將下軍，欒書佐之。」至成公二年，欒書將下軍。孔疏謂朔已死。韓世家言屠岸賈誅趙朔而不及同、括，晉世家及春秋經書晉殺同、括亦不及趙朔，則朔之死不與同、括同年。蓋自景公三年，朔反自邲，即爲屠岸賈所殺，而同、括尚在。至十七年，景公殺同、括，則趙氏絕祀，故大業之後爲祟，乃問於韓厥。厥遂令程嬰納武於公宮，與諸將攻滅屠岸氏而立武爲後焉。惟此謂同、括與朔皆見殺於景公三年，則不合於春秋；左傳前二年已立趙後，後二年其先祖爲祟，則不合於世家。皆誤也。趙朔妻，成公姊，本不誤。成公爲文公子，成公姊亦文公女。自文公卒，至景公三年，計三十二年，朔妻若自文公卒前二三年所生，至此年甫三十四五，應有遺腹。世家無通於趙嬰齊事，左傳載此語於魯成公四年，未必是年始通。卽論是年，朔妻年亦四十五六耳。八年，疏謂莊姬年少，故賈、服、杜以爲成公女，不知成公姊亦未老也。景公問「趙尚有後乎」，與韓世家「尚有世乎」語例相同，各本中有「子孫」二字，衍也。今正。

子之見我何爲

案：各本重「我」字，衍也。今正。

武靈王元年，陽文君趙豹相

案：下云惠文王二十七年，封趙豹爲平陽君，孝成王四年，平陽君趙豹諫受韓上黨，與此人姓名同，封號之「陽」字又同，則似一人。然武靈王在位二十七年，惠文王三十三年，則孝成王四年後此六十四年矣，又似二人。疑此句有誤。

子不反親，臣不逆君，先王之通義也

案：各本作「兄弟之通義也」，與「子」「臣」二句義不相屬，今依戰國策更正。集解：「徐廣曰：『兄弟一作「元夷」。元，始也；夷，平也。』」此亦望文生訓，「始平之通義」仍不可解。始緣「先」字與「兄」字形近而誤作「兄」，既誤「先」爲「兄」，「兄」下必屬「弟」，遂改爲「兄弟」，又與「兄弟」形近而誤作「元夷」也。

故禮也不必一道，而便國不必法古

案：各本作「而便國不必古」，誤脱「法」字，今補。

必有陰賊謀起

案：各本倒作「謀陰賊起」，今正。

高信卽與章戰

案：各本誤作「與王戰」。高信卽信期，事肥義者。肥義代王入，爲章所殺，高信當與章戰也。今正。

故有長平之禍焉接秦圍邯鄲

案：各本中有「王還不聽秦」五字，不知所謂，當是衍文。今删。

孝成王卒接子偃立，是爲悼襄王，廉頗將至廉頗亡入魏接悼襄王元年

案：各本「子偃立」二句倒在「廉頗亡入魏」下，則廉頗將、使樂乘代之，皆無所受命矣。今正。

魏世家第十四

其必有衆接畢萬封十一年

案：各本中云「初，畢萬卜事晉」云云，後人竄入，詳晉世家下。今正。

武侯元年，趙敬侯初立

索隱：「紀年云：魏武侯元年當趙烈侯之十四年，不同也。」

案：紀年者，晉人所僞造，託之汲郡魏安釐王冢所出竹書也。於商有太甲殺伊尹、文丁殺季歷語，此必曹魏遺臣痛惜甘露少帝欲殺司馬昭而反爲所弑，姑爲此如願之寓言，以寄其忠君愛國之意，可與屈平適樂國、介推還受禄等語相比例也。於周無文王受命稱王事，於武王伐紂之年，同三統歷及晚出僞泰誓，與先秦人語若南北之異方矣。紀列國之年，無所不謬，古文學説盛行之世，盡人與今文家立異爲高也。趙烈侯卒於九年，安得有十四年當魏武侯之元年？又增武侯享國十六年

爲二十六年，奪襄王在位十六年爲惠王改元之年。集解引荀勗語，轉據之以爲太史公誤，顛倒黑白正如勗之爲人，亂政事不足，復欲波及學術耶？今闢其極謬者，餘倣此。

惠王元年，戰于濁澤，魏氏大敗，魏君圍。趙謂〔魏〕〔韓〕曰〔一〕

案：圍，監本誤作「爲」，直似下屬爲句矣。此從毛本。六國表：「趙成侯六年敗魏濁澤，圍惠王。」趙世家作「圍魏惠王」可證。

三十五年，騶衍、淳于髡、孟軻皆至梁

案：騶衍世次不與髡、孟相接，詳孟荀列傳。見於此者，古書有因此以及彼。例如論語「禹、稷躬稼而有天下」。躬稼者稷也，因稷而及禹；有天下者禹也，因禹而及稷。孟子「華周、杞梁之妻善哭其夫」。善哭其夫者，杞梁之妻也，因杞梁之妻而及華周之妻。此例史記亦有之。淮陰侯傳「大夫種、范蠡存亡越，霸句踐，立功成名而身死亡」。立功成名而身死亡者，大夫種也，因大夫種而及范蠡。此亦因髡與孟子而及騶衍也。七國之世，諸子擅盛名者，首推騶衍。故此篇及田齊世家言士之至其國，皆舉騶衍以冠諸子，以爲其君下士之光也。二國之史如此，太史公因之爾。

襄王元年，與諸侯會徐州，相王也

案：此周顯王三十五年也。惟魏稱王之年，與秦本紀、六國表合。其餘五國，齊之王在顯王十六年，秦在四十四年，燕在四十六年，韓在四十七年，趙無攷。

如耳見衞君曰：「請罷魏兵，免成陵君可乎？」

案：上文無成陵君謀伐衞事，亦不詳成陵君爲何人，脫也。不然，無此文法。

夫憎韓不愛安陵氏可也，夫不患秦之不愛南國非也。

案：次句「夫」字似衍。

韓世家第十五

大業之後不遂者爲祟

案：各本脫「後」字，今依趙世家補。

時蟣蝨質於楚至於是蟣蝨竟不得歸

案：此多脫文，無從校訂。

紹趙氏之孤子武

案：各本誤作「紹趙孤之子武」，今依文訂。

田敬仲完世家第十六

陳完者，陳厲公躍之子也接厲公者，陳桓公庶子也接桓公卒，弟佗殺桓公太子免而代立，數如蔡。厲公躍與免異母，其母蔡女，怨佗殺其兄，乃令蔡人誘佗而殺之接佗之罪以淫出國，故春秋曰「蔡人殺陳佗」，罪之也接躍立爲厲公。厲公卒接弟林立，是爲莊公。故陳完不得立，爲陳大夫接莊公卒至完故奔齊

案：各本以厲公爲佗，與陳世家同。無五父，無利公躍，以莊公林繼厲公佗，并桓公鮑亦爲蔡人所殺，皆與陳世家異。今依左傳及年表、陳世家正。

景公有寵姬曰芮子，生子荼。景公卒○立荼，是爲晏孺子○晏圉奔魯○乃使人殺晏孺子於駘而逐孺子母

案：各本誤作「晏孺子奔魯。乃使人遷晏孺子於駘，而殺孺子荼」。今依齊太公世家正。

子我接與田氏有郤

案：各本作「子我者，監止之宗人也，常與田氏有郤」。中衍八字。齊太公世家上言「闞止」，下言「子我」。既言「子我」，不復言「闞止」，其爲一人之名字章矣。今正。

田氏之徒追殺子我接簡公出奔

案：各本中有「及監止」三字，亦衍，今正。

田常於是盡誅鮑、晏、監止之族及公族之彊者

案：各本脫「之族」二字，今補。上文田氏已殺監止，遂殺簡公而立平公。平公卽位已五年矣，安復得監止而誅之？是年所誅必是鮑、晏、監止之族。田常於此三氏盡滅其族，而於公族但誅其彊者耳。

子桓公午立接六年，救衞

案：各本中有騶忌議救韓事。徐孚遠謂騶忌以鼓琴干齊威王，不宜桓公午時已與廷議，其事亦與下文所載相類，此說是也。且秦、魏與韓、楚、趙交兵，何與於燕而齊襲之耶？下文韓因恃齊五勝而東委國於齊，事理明白，亦可爲此因彼衍之證。今正。

宣王十八年，騶衍、淳于髡、田駢、接子、愼到、環淵之徒皆爲列大夫

案：騶衍詳魏世家及孟荀列傳下。

疾建用客之不詳也止

案：此篇贊語劉歆改竄，詳序證變象互體節，今删。

孔子世家卷十七

紇與顏氏女野合而生孔子，禱於尼邱，得孔子

案：此文疑本作「紇與顏氏女禱於尼邱，野合而生孔子於尼邱」。埽地爲祭天之壇而禱之，猶詩所謂

「以弗無子」也；遂感而生孔子，猶詩所謂「履帝武敏歆」也。故曰「野合」。高祖本紀：「其先劉媼嘗息大澤之陂，夢與神遇。是時雷電晦冥，太公往視，則見蛟龍於其上。已而有身，遂產高祖。」即詩齊、魯、韓、春秋公羊學家所謂聖人皆「感天」而生，此所謂「野合」而生也。三代世表張夫子問於褚先生曰：「詩言契、后稷皆無父而生，今諸傳記咸言有父，得毋與詩謬乎？」褚先生曰：「詩言契生於卵，后稷人跡者，欲見其有天命精誠之意耳。鬼神不能自成，須人而生，奈何無父而生乎？」即此所謂紇與顏氏女禱於尼邱野合而生孔子也，太史公以受命帝王尊孔子故云爾。索隱謂「梁紇老而徵在少，非當比室初笄之禮，故云『野合』。」此說謬甚。老夫得其女妻，未聞謂之野合也。且詩人稱述文王，歸美太任，世家表揚孔子，譏其父母可乎？

魯襄公二十二年而孔子生〇孔子年十七，是歲季武子卒〇昭公二十年，而孔子蓋年三十矣〇孔子年三十五，昭公奔於齊〇孔子年四十二，魯昭公卒於乾侯〇定公九年，孔子年五十一〇定公十四年，孔子年五十六〇哀公三年，而孔子年六十矣〇孔子年六十三，而魯哀公六年也〇孔子年七十三，以魯哀公十六年四月己丑卒

案：各本五十一之「一」字脫，今依上下文補。是篇凡言孔子之年者十，皆足與生年相印證，後儒或以公、穀二傳「孔子生」句在襄公二十一年，疑史記之二十二爲誤，豈有十處皆誤之理？第知以生年校生年，不知以昭、定、哀之世言孔子之年者校生年，何其愚也！且公、穀全體釋經，此言何以入

傳？當由二家經師附記於旁，後乃誤入正文爾。其始附於二十二年「公會諸侯于沙隨」之下，一本誤脫，而誤補於二十一年「公會諸侯于商任」之下。上文相似，易於致誤。一本誤則各本皆誤，一傳誤則二傳並誤。正當引史記以糾二傳，豈應信公、穀以難世家耶？惟世家無月日，當取二傳補之。公羊傳作「十有一月庚子，孔子生」。釋文曰：「傳文上有『十月庚辰朔』。此亦十月也。一本作『十一月庚子』。又本無此句。」案：穀梁傳亦無此句，有者特三本之一，且證以「十月庚辰朔」，則庚子不在十一月。凡有「十一月」句，衍也。惟二十一年十月庚子爲二十一日，二十二年十月庚子爲二十七日，長歷是月甲戌朔也，周正十月，夏正八月。今以八月二十七日爲孔子生日，得之矣。

孔子年十七，魯大夫孟釐子病接不能相禮接且死誡其嗣懿子曰○今孔丘年少好禮○及釐子卒，懿子與魯人南宮敬叔往學禮焉

案：各本脫「不能相禮」四字。索隱：「昭七年左傳云『孟僖子病不能相禮，乃講學之，及其將死，召大夫』云云。案：謂病者，不能相禮爲病，非疾困之謂也。至二十四年，僖子卒，是此文誤也。」不知此後人脫誤。若本無「不能相禮」四字，則下文「年少好禮，往學禮焉」二句語何所承？「孔子年十七」者，孟釐子病不能相禮之年也，在昭公七年。「且死」卽左傳所謂「及其將死」，在二十四年。太史公本不謂一年之事，猶之懿子學禮，亦與釐子卒非一年事，不然豈衰絰往學乎？今爲補正。惟仲尼弟子列傳無孟懿子，論語「孟懿子問孝，子告樊遲曰：『孟孫問孝於我』。」不稱何忌，則不似弟

子，與世家、左傳皆異，當從蓋闕。弟子列傳亦以南宮敬叔爲魯人，與此文同，與左傳異，不以爲孟釐子之子。索隱謂太史公之疏，不知若無「魯人」二字，但作「懿子與南宮敬叔」，豈非小司馬所謂密乎？不爲密之省，而爲疏之增，非人情也。

嘗爲季氏委吏而料量平，嘗爲乘田而畜蕃息接**孔子長九尺有六寸，人皆謂之「長人」而異之**接**南宮敬叔言魯君曰**

案：各本脱「委」字。索隱謂一本作「委吏」，今依以補正。「乘田」誤作「司職吏」。吏皆有職，此何符言，今據孟子更正。「蕃息」下云「由是爲司空」，係下文「由中都宰爲司空」之重文。又云「已而去魯，斥乎齊，逐乎宋、衞，困於陳、蔡之間，於是反魯。」「異之」下云「魯復善待「由是反魯」。皆定公十四年去魯後至反魯之總結，重衍於此也。今刪正。

請與孔子適周〇蓋見老子云

索隱：「莊子云：『孔子年五十一，南見老聃。』系家亦依此爲説而不究其旨，〔二〕俱誤也。何者？孔子適周，豈訪禮之時卽在十七耶？」

案：莊子多寓言。盗跖篇有孔子與柳下惠相問答語，又可爲二人同時之證乎？且孔子年五十一正爲中都宰之年，何暇南見老聃？此文在孔子年十七之後，三十以前。適周問禮，當在其間，豈謂年十七之年耶？

由大司寇攝行相事

案：「攝行」，各本倒作「行攝」，今依魯世家「攝行政」訂正。「攝」，周語也，列子「周公攝天子之政」是也。「行」，漢語也，漢書「御史大夫張湯行丞相事」是也。「攝行」者，以漢語釋周語，豈當躋「行」於「攝」上乎？

入及公側

集解：「服虔曰：『人有入及公之臺側。』」

案：左傳定公十二年文同。聞之師曰：「入當爲矢。說文矢，从入。脫去下半則爲入也。」左襄二十三年傳「矢及君屋」，與此文同例。

去衞過匡，顏高爲僕

案：高，各本作「刻」，誤也。弟子列傳：「顏高，字子驕。」正義：「孔子在衞，南子招夫子爲次乘，過市，顏高爲御。」家語：「孔子適衞，子驕爲僕。靈公與夫人南子同車出，使孔子爲次乘，顏刻曰：『夫子何恥之？』」是顏刻卽顏高。高以「克」篆作[篆字]，形近而譌作「克」，克又以聲同而譌作「刻」也。知「刻」譌，非「高」譌者，驕讀爲「喬」，喬，高也，名高字喬，義正相應。左定八年傳：「顏高之弓六鈞。」當卽此人。今正。

爲甯武子臣於衞

案：武子死，甯氏滅久矣，安能復爲之臣？甯武子當是孔文子之謁，猶晉世家魏文子實范武子之謁也。左哀十一年傳：「孔文子將攻太叔，訪於仲尼。」則二人固同時也。

夏，衛靈公卒○六月，趙鞅内太子蒯聵于戚○冬，蔡遷于州來闕是歲，魯哀公三年，而孔子年六十矣。齊助衛圍戚○夏，魯桓、釐廟燔○秋，季桓子病

案：春秋「蔡遷于州來」以上，皆在哀公二年。「齊助衛圍戚」以下，乃在三年。此文「是歲」以上有闕文，本不謂一年之事，故上文已言冬，下文復云夏、秋也。

明年，孔子自陳遷于蔡。蔡昭公將如吳○公孫翩射殺昭公。楚侵蔡闕秋，齊景公卒

案：春秋「盜殺蔡侯申」在哀公四年，「齊侯杵臼卒」在五年，則中亦有闕文也。

孔子遷于蔡三歲，吳伐陳。楚救陳

案：孔子自哀公四年遷于蔡，則此爲六年也，下有明文。集解徐廣亦當云「六年」，今作「四年」，後人所誤也。不然，豈上已云五年，此轉謂四年耶？

而魯哀公六年也。其明年，吳與魯會繒至無所苟而已矣闕其明年，冉有爲季氏將師，與齊戰于郎

案：會繒在哀公七年。戰于郎，左傳作「戰于郊」，未知孰是。事在哀公十一年，則不得謂明年也。

中亦有闕文。

孔子之去魯，凡十四歲而反乎魯

案：自定公十四年，凡越十四歲，乃在哀公十二年也。春秋書哀公十二年春用田賦，則季孫訪田賦亦當在是年春。左傳繫之十一年冬，以便文也。索隱以定十四至哀十二爲十三年，誤除本年計之，非古法也。餘詳魯世家下。

追跡三代之禮接曰：夏禮吾能言之至吾從周接序書傳，上紀唐虞之際至編次其事接故書傳、禮記自孔氏

案：先序禮，次序書，末乃總述書、禮，次第甚明。各本「序書傳」至「編次其事」十七字誤在「曰夏禮」句上，致與上文言三代之禮語意間隔。今正。

古者詩三千餘篇，及至孔子，去其重，取可施於禮義○關雎之亂以爲風始，鹿鳴爲小雅始，文王爲大雅始，清廟爲頌始。三百五篇孔子皆弦歌之，以求合韶、武、雅、頌之音

案：此所言古詩篇數，非之者，孔穎達、朱彝尊、趙翼、崔述也；是之者，歐陽修、鄭樵、王應麟、王崧也。崧所著説緯載之甚詳，辯之甚當，今擇其要録之。歐陽氏曰：「以鄭康成譜圖推之，有更十君而取其一篇者，又有二十餘君而取其一篇者。由此觀之，何啻三千？」王氏曰：「趙氏備列羣書所引

逸詩，謂不及刪存詩二三十分之一，此但就見存之書計之也。古書之著錄於漢書藝文志而不傳於今者，其中豈遂無之？則二三十分之一未足盡逸詩之數也。世儒所論皆以孔子於詩，一似昭明之文選，但因其辭意爲去取。遷謂孔子皆弦歌之，以求合韶、武、雅、頌之音，可知非獨取其辭意已。」又引通志樂略第一曰：「樂以詩爲本，詩以聲爲用。仲尼編詩爲燕享祀之時用以歌，非用以說義也。得詩而得聲者三百篇，則繫風、雅、頌。得詩而不得聲者則置之，謂之逸詩。」合觀鄭氏、王氏之言，世家可藉以證明矣。始者對終而言，關雎爲風始，則狼跋爲風終，雅、頌類是。毛詩渾言風、小雅、大雅、頌爲四始，無終而稱始，可乎？孔子取詩止有三百五篇，史記此言上本三家，下至漢書藝文志及儒林傳王式之言猶然。經典釋文始云孔子錄取三百十一篇，此依毛詩序合南陔、白華等六篇而言。然序云有其義而亡其辭。亡對有而言，乃有無之「無」，非亡佚之「亡」也。本無其辭，則所謂有義其者，義於何見？見之於序而已，未嘗有詩也，安得列於篇數？此古文家之謬說，大背於世家者也。

以備王道，成六藝接 孔子以詩、書、禮、樂教弟子至不試，故藝接孔子晚而喜易接 讀易韋編三絕至 若是我於易則彬彬矣接 魯哀公十四年至 作春秋

案：序詩、書、禮、樂，文本相接，序易與春秋，文亦相接。各本誤移「孔子晚而喜易」以下在「孔子以詩、書、禮、樂教弟子」上，以致上下文義皆相間斷，今正。「晚而喜易」句下有「序、彖、繫、象、說卦、

文言」八字，南海某氏謂劉歆竄入是也。序卦先於彖辭，說卦先於文言，語無倫次。且此八字列於「喜易」以下，「讀易」以上，則是孔子所喜而讀之不厭者，卽其所自作彖、象、文言之屬，有是理乎？論衡正說篇：「孝宣皇帝之時，河內女子發老屋得逸易、禮、尚書各一篇，奏之。」隋書經籍志曰：「及秦焚書，周易惟失說卦三篇，後河內女子得之。」然則宣帝以前未有說卦，太史公何自知之？依今本尚少雜卦，傎倒錯雜，妄續明矣。今正。然則孔子所喜而讀之者指何篇文，曰卦辭、爻辭也。卦辭、爻辭誰作？西漢師說今無存者。馬融、陸績謂文王作卦辭，周公作爻辭，其言信而有徵，當是田氏相傳之舊說。漢末去古未遠，故能述之。南海某氏謂文王惟演重卦而無卦辭，經文皆孔子所作者，非也。周本紀及法言問神問明二篇、漢書揚雄傳云云，第謂重卦始於文王，不謂文王止於重卦也。請列四證以明之：太史公自序云「昔西伯拘羑里演周易，孔子戹陳、蔡作春秋」，及離騷、國語、呂覽之屬皆有文辭，若周易但有卦畫而無卦辭，豈當與春秋、離騷、國語、呂覽相比例乎？證一也。如卦辭、爻辭皆孔子作，何以所引古事至箕子之明夷而止，不及成、康以下一字耶？爻辭「王用亨于岐山」、「王用亨于帝」，稱王而不繫「文」，當是稱王郊天時語。文王未崩故未有謚，若出孔子，焉得去「文」？繫辭傳孔子作也，曰「文王與紂之事耶」，則繫「文」於王矣。「東鄰、西鄰」亦殷、周並王時語，干寶注「東鄰，紂也；西鄰，周也」是也。若孔子作，當自魯言之。魯處東偏，更無東鄰，止有西鄰。豈謂魯國殺牛不如齊、晉之礿祭受福耶？證二也。彖傳釋卦辭，小象釋爻辭。卦辭、爻辭皆經，彖傳、小象則傳也。如謂皆孔子作，豈有自爲之經復自爲之傳之體？何不自爲春秋作傳耶？證三也。韋編者，册書而非簡書也。古者字少用簡，字多用册。簡用一竹，義取單簡，故曰簡。册用五竹，編之以韋，篆文作𠕋，五直象竹，二横象韋。周易分上經爲三十卦，下經爲三十四卦者，卦畫初成，各以十八簡書之，上經乾純陽，坤純陰，頤、大過、坎、離皆陰陽反對，不能共簡，故六卦分爲六簡，屯倒之爲蒙，蒙倒之爲屯，他卦皆然，故二十四卦合爲十二簡，總爲十八簡；下經惟既濟、未濟各爲一簡，其餘三十二卦，合爲十六簡，總亦爲十八簡。及爲卦辭、爻辭後，卦數分上下經，卽源於此。說詳序卦正義及師說。然惟卦畫可書於簡，若兼卦辭、爻辭，非册不勝書矣。孔子所讀之易，若止有卦畫，當是簡而非册，安得韋編而絶之？證四也。

據魯，親周，故殷，運之三代

索隱：「言夫子脩春秋，以魯爲主，故云據魯。時周雖微，而親周王者，以見天下之有宗主也。」正義：「殷，中也。又中運夏、殷、周之事也。」

案：春秋宣公十六年，「成周宣榭災」。公羊傳曰：「外災不書，此何以書？新周也。」解詁曰：「孔子以春秋當新王，上黜杞，下新周而故宋。因天災中興之樂器，示周不復興，故繫宣榭於成周，使若國文，黜而新之，從爲王者之後記災也。」阮公校勘記曰：「董子、史記『親周』皆『新周』之誤。」案：孔子以春秋當新王者，新受命爲王也。新周者，新爲王者之後也。周爲王者之後新，則宋爲王者之後故矣。殷卽宋也，故此文曰「新周」、「故殷」。小司馬讀「親」如字，望文生訓耳。運當爲「通」，形近致誤也。隱公三年，「春，王二月」。解詁曰：「二月三月皆有王者，二月，殷之正月，三月，夏之正月。王者存三王之後，所以尊先聖、通三統也。」此言出自繁露，太史公亦聞之董生，故曰「通之三代」也。張守節以「故殷」屬下讀而別爲作訓，豈有殷、周並稱，而殷非國名者乎？

忠生武，武生延年及安國

案：漢書孔光傳云「忠生武及安國，武生延年」，未知孰是。

安國生卬止

案：各本下有「卬生驩」句，當是褚先生補。安國蚤卒，卒在元朔末年，詳序證古文尚書節。此後卽獲麟之歲，史記止矣，是時安國豈及有孫耶？

陳涉世家第十八

太史公曰至攻守之勢異也

案：各本作「褚先生曰」。集解：「徐廣曰：『一本作「太史公」。』駰案：班固奏事云：『太史遷取賈誼過秦論上下篇以爲秦始皇本紀、陳涉世家下贊文。』然則言『褚先生』者，非也。」今依以更正。始皇本紀贊録下篇，此其上篇也。

外戚世家第十九

用無子故廢耳。陳皇后求子，與醫錢凡九千萬，然竟無子

案：「陳皇后求子」句上當有「初」字，不謂廢後也。張照據以證長門賦序「陳皇后復幸」之說，謂但不復其位耳，以駁上文「廢陳皇后」句下索隱，其說鑿矣。復幸之說，猶曰屈平適樂國，介推還受禄耳。文人寓言，豈足以爲事實乎？

少兒生子霍去病，以軍功封冠軍侯止

案：此元朔六年事也，在「麟止」前。下云「號票騎將軍」，則元狩三年事矣。又下云「李延年兄弟坐姦，族。其長兄廣利伐大宛，不及誅，還，封爲海西侯。」案：大宛傳：廣利伐大宛還，在太初四年。匈奴傳：廣利聞其家以巫蠱族滅，因降匈奴，在征和三年。然則廣利封侯在前，李氏族滅在後。彼傳是，則此篇先後互倒。此文是，則李氏之族既坐姦誅，豈能復坐巫蠱誅乎？矛盾重重，其爲後人竄亂明矣，且非「麟止」前語。今正。此篇獨無贊語，脱也。

楚元王世家第二十

高祖之同母少弟也

集解：「徐廣曰：『一作「父」。』」索隱：「漢書作『同父』。言同父，以明異母也。」

案：作「同母」是也。同母者，別於異母同父之稱，如魯隱之於桓公，齊桓之於子糾異母也。同父

者，別於異父同母之稱，如武帝之於修成君，田蚡之於王信異父也。異父同母須言，同父異母不須言也。同父同母，須言同母。同父異母，不須言同父也。漢高無異父兄弟，何須別言同父？帝與元王同母，則伯與仲其前母所生歟？

過巨嫂食

集解：「徐廣曰：『漢書云丘嫂。』」索隱：「應劭云：『丘，姓也。』孟康云：『丘，空也。兄亡，空有嫂也。』今此作『巨』。巨，大也。謂長嫂也。」

案：漢書作「丘嫂」，直是「巨嫂」之誤。應、孟望文生訓，謬也。

乃封其子信爲羹頡侯

索隱：「羹頡，爵號，非縣名，以其轢釜故也。」正義：「括地志：『羹頡山在嬀州懷戎縣。』高祖取其山名爲侯號。」漢書：「師古曰：『頡音戛，言其母戛羹釜。』」

案：此雖名號侯，而別有封邑。漢書王子侯表：「羹頡侯信，高后元年有罪，削爵一級爲關內侯。」然則前此固列侯也。羹頡山乃因侯而名山，張守節之言倒矣。

而王次兄仲於代

集解：「徐廣曰：『次兄名喜，字仲，以六年立爲代王，其年罷。卒謚頃王。』」

案：漢興以來諸侯年表：高祖六年，代王喜元年。九年，代王四年，匈奴攻代，代王棄其國亡歸漢。

吳王濞傳：廢爲郃陽侯。漢書諸侯王表：孝惠二年薨。王子侯表：以子爲王，謚曰頃王。然則王代四年罷，罷六年乃卒也。徐廣疏矣。

是爲楚文王至**子（經）〔注〕立爲王**止（三）

案：各本作「子襄王（經）〔注〕立」，下云「十四年卒」，年表在元鼎二年，則「麟止」以前不當言其謚也。今正。下又言「（經）〔注〕子王純代立，地節二年自殺，國除。」正義尚知「地節是宣帝年號」，索隱曰「太史公惟記王純國除」，并其序所謂「太史公記事下訖天漢」而忘之乎？今删。

使楚王戊毋刑申公，遵其言。趙任防與先生

索隱：「漢書：『申公名培，王戊胥靡之。』此及漢書雖不見趙不用防與公，蓋當時猶知事跡，或別有所見，故太史公明引以結其贊。」

案：贊語有引有論。引出傳外，如樂毅贊「始齊之蒯通及主父偃讀樂毅之報燕王書，未嘗不廢書而泣也」是也。論據傳文，如商君贊「刑公子虔，欺魏將卬，不師趙良之言」是也。此數語豈似引乎？論也。論則必據傳文，申公、防與先生之事必世家所已言，故贊及之，今脫去爾。且述元王以下，漢書尚較世家爲詳，如自「好書」至「各別去」，自「高祖既爲沛公」至「劉賈數別將」，自「元王既至楚」至「郢客爲上邳侯」，自「文帝尊寵元王子」至「王戊稍淫暴」，自「二人諫」至「削書到」，此皆無之。太史公不應簡略乃爾，此篇殘缺多矣。

荆燕世家第二十一

乃以營陵侯劉澤爲琅邪王

案：呂后本紀：「太后女弟呂嬃女爲營陵侯劉澤妻，迺以澤爲琅邪王。」

齊悼惠王世家第二十二

高后兒子畜之

案：說文儿部：「兒，孺子也，从儿，象小兒頭囟未合。囟，頭會𡿺蓋也。」大戴禮本命篇：「三年（𡿺）〔暿〕合而後能言。」〔四〕是兒者，人生未三年之稱也。春秋繁露：「今握棗與錯金以示嬰兒。」說苑引此語作「以示兒子」。越王句踐世家：「陶朱公長男入室，取金持去。莊生羞爲兒子所賣。」此篇下文「使祝午給琅邪王曰：『齊王自以兒子年少。』」然則兒子者，孩子之通稱也。高后以兒子畜之，猶言以孩子視之也。後世習以爲父母於其子之專稱，唐時已然，故顏師古注漢書曰：「比之於子也。」不悟朱虛侯乃高后之孫，何得比之於子？老杜送別姪勤云：「陸機二十作文賦，汝更小年能綴文。總角草書又神速，世上兒子徒紛紛。」尚不誤解。夫小顏學人，老杜詩人，而其學猶過小顏也。

膠西、膠東、菑川、濟南皆擅發兵應吳、楚〇三國兵共圍齊

集解：「張晏曰：『膠西、菑川、濟南也。』」

案：吴王濞傳曰：「膠西爲渠率，膠東、菑川、濟南共攻圍臨淄。」是三國有膠東而無膠西，集解誤也。

以齊之城陽郡立章爲城陽王至子延立止

案：各本誤作「子建延立」，今依年表删正。下云「是爲頃王，六傳至王景，建始三年卒。」正義：「建始，成帝年號。蓋褚先生次之。」案：此亦非褚先生次之，乃後人所續也。今删。

菑川王志至乃徙濟北王王菑川止

案：各本下云：「凡立三十五年，傳至王横，建始三年卒。」説見上，今亦删。此篇凡言立章爲城陽王者再，立興居爲濟北王及以反誅者皆再，言膠西等五王爲悼惠王子及誅者亦皆再，言徙濟北王志爲菑川王者四，不如漢書之簡當。史記豈應繁冗乃爾，當是原文散失，後人補綴而成也。

曹相國世家第二十四

子襄代侯止

案：各本下云：「襄子宗代侯，征和二年，坐太子死，國除。」此所謂盡於孝武者也，詳序證麟止後語節。今删正。

陳丞相世家第二十六

富人張負

索隱：「負是歸人老宿之稱，猶『武負』之類。」

案：古聲「負」、「婦」相同，故借「負」爲「婦」也。絳侯世家「許負」，索隱：「應劭云：『老嫗也』。」高祖紀「武負」，漢書注：「如淳曰：『俗謂老大母爲阿負。』師古曰：『劉向列女傳云：「魏曲沃負者，魏大夫如耳之母也。」此則古語爲老母爲負耳。』」案：以上諸「負」字固屬老母，然必以爲專謂老母，尚不知「負」之爲「婦」爾。

子何代侯。二十三年，何坐略人妻，棄市，國除止

案：各本作「三十三年」，誤也。年表：此事在元光五年，上距景帝前五年侯何元年，實止二十三年，今正。下文述陳掌願續封事，年次在「麟止」後，亦後人從漢書竄入，今删正。

絳侯世家第二十七

案：各本作「絳侯周勃世家」，今依「留侯」下不言「張良」例删正。

請得與丞相議之接亞夫曰

案：中複「丞相議之」四字。若是重言，不應削去上三字，止存半句，必是衍文。今删正。

子建德代侯接條侯果餓死

案：各本中云「十三年」至「元鼎五年，國除」。此後人竄入，今删正。

梁孝王世家第二十八

次子參至子義立，是爲代王接初，武爲淮陽王

案：各本中自「十九年」至「元鼎五年也」五句，後人竄入，今正。

子襄立爲王至梁餘尚有十城止

案：各本作「立爲平王」，下云「襄立三十九年卒」。年表襄立在建元五年，則卒於天漢三年，與「平」字皆後人竄入。今正。

濟東王彭離者至以孝景中二年爲濟東王止

案：各本下云「二十九年，廢以爲庶人」。年表在元鼎元年。今删正。

五宗世家第二十九

河間獻王德至子基代爲王止

案：各本作「子剛王基代立」，下云「立十二年卒」，上合獻王二十六年，共王四年，乃卒於太初元年也。與謚法皆從漢書竄入，今刪正。漢書言獻王從民間得善書，皆古文先秦舊書周官、尚書、禮、禮記之屬，立毛氏詩、左氏春秋博士。然則藝文志言武帝末魯共王壞孔子壁，得古文尚書，劉歆傳言左傳亦出孔壁。與獻王得自民間者爲一耶，爲二耶？如以爲一，則獻王卒於元光五年，未及武帝末，孔壁未壞，民間何自得之？如以爲二，則未出孔壁，早布民間，何得謂之中秘書？作僞之跡終難掩覆，幸是篇未經竄亂也。

魯共王餘至子光代爲王止

案：各本下云「晚節惟恐不足於財」。漢書言光立四十年，則「麟止」以前光立七年耳，所云「晚節」在太初以後，非太史公語，今刪。漢書下言共王壞孔子舊宅，於其壁中得古文經傳。幸是章亦未經竄亂也。

膠西王端至用皇子爲膠西王止

案：各本作「膠西于王」，下云「立四十七年」，則後「麟止」十六年矣。「于」字及「端爲人賊戾」以下皆據漢書竄入，今正。

趙王彭祖至四年徙爲趙王止

案：五宗十三王卒於孝景崩後者十一王。各本於此下云「十五年，孝景帝崩」，「中山王」下云「十四年，孝景帝崩」。孤懸不倫，漢書尚無之，當由學者録此篇時偶記於旁，後人誤入正文爾。又下云「立五十餘年」。案：漢書「征和元年薨」，則上距孝景前二年立時實爲六十四年，此言年數亦不合，皆後人竄入而又誤也。今并正。

用皇子爲中山王接勝爲人樂酒好内

案：詳上。

長沙定王發至子庸立爲王止

案：各本作「子康王庸立」，下云「二十八年卒」。是卒於太初四年也，後人竄入。康王，漢書作「戴王」，則此「康」字非謚，直與「庸」字相似而誤也。今并正。

廣川惠王越至子齊立爲王

案：各本下云「王齊數上書，告言漢公卿及幸臣所忠等」，文自此止。漢書下云「又告中尉蔡彭祖、捕子明，駡曰」云云，此從漢書竄入者偶爾中輟，忘其未畢，下乃別録膠東王事也。索隱曰：「漢書：『告中尉秦彭祖。』子去嗣，坐暴虐勃亂國除也。」然則唐時漢書彭祖之姓與今本殊。索隱「秦彭祖」下亦有脱文，故不成義也。今并删正。

膠東康王寄，以孝景中二年用皇子爲膠東王，二十六年卒

案：各本作「二十八年卒」，誤也。下云「及吏治淮南之獄，辭出之，發病而死」。事在元朔六年，即

康王二十六年也。今更正。

而封慶於故衡山地，爲六安王止

案：各本下云「膠東王賢立十四年卒」。則在元封二年矣，後人竄入。今正。

常山王舜，以孝景中五年用皇子爲常山王止

案：各本作「常山憲王」，下云「立三十二年卒」。年表在元鼎三年也，與諡法皆後人竄入。今正。

三王世家第三十

太史公自序：集解：「張晏曰：『亡，褚先生補。』」索隱：「空取其策文以續此篇，率略且重，非當也。」

案：三王之封在元狩六年，篇目亦非太史公所有，此文亦非褚先生補也。詳孝武本紀下。

〔一〕趙謂(魏)〔韓〕曰　據史記魏世家改。

〔二〕系家亦依此爲說　系，係唐人避「世」諱改寫。

〔三〕子(經)〔注〕立爲王　據史記楚元王世家改。下同。

〔四〕三年(𡿺)〔嘻〕合而後能言　據大戴禮記本命篇改。

史記探源卷七　　七十列傳

伯夷列傳第一

詩、書雖缺

案：此謂孔子以前所缺也。索隱：「孔子系家稱古詩三千餘篇，〔一〕孔子删三百五篇爲詩，今亡五篇。」此説大謬，三百五篇，今豈有亡者乎？删書篇數，詳序證古文尚書節。

太史公曰

案：此遷引其父談之言，與下文引「孔子曰」、「賈子曰」皆取先正語，與己意相發明也。索隱謂楊惲、東方朔見其文稱「余」而加，非也。

余登箕山，其上蓋有許由冢云

案：上文例以舜、禹之事，則許由未薦未試，帝堯無由遂欲授以天下之理。下言「其文辭不少概見」，而此言「蓋有其冢」者，異乎舜、禹、伯夷有虞、夏之文、首陽之詩可據者比，故言「蓋」以疑之，明許由出莊、列寓言，實無其人。古來高讓之士，斷自伯夷始也，故繫此論於傳首。

老莊申韓列傳第三

老子者○名耳，字聃，姓李氏

案：各本作「姓李氏，名耳，字伯陽，諡曰聃」。王念孫讀書雜志曰：「此後人取神僊家書改竄之耳。索隱本出此七字注曰：『許愼云：「聃，耳曼也。」故名耳，字聃。有本字伯陽，非正也。老子號伯陽甫，此傳不稱。』文選反招隱詩注引史記曰：『老子名耳，字聃。』又引列僊傳曰：『李耳字伯陽。』然則字伯陽，乃列僊傳文，非史記文也。」適案：周本紀幽王二年伯陽甫云云，三年周太史伯陽云云，太史伯陽云云，不言伯陽姓李，此傳不言及仕幽王，則太史公不以爲一人明矣。今據以訂正。

蓋老子百六十餘歲，或言二百餘歲○自孔子死之後百二十九年，而史記周太史儋見秦獻公○或曰儋卽老子，或曰非也

案：儋見秦獻公，周本紀在烈王二年，上距孔子之死百有六年耳。然孔子問禮在年三十以前，聃年必長於孔子，則至此兩言壽數，尚不相遠，「聃」「儋」聲同，似是一人。

所說出於爲名高者也，而說之以厚利，則見下節而遇卑賤，必棄遠矣

案：韓非子注曰：「所說之人意在名高，今以厚利說之，彼則爲己志節凡下，而以卑賤相遇，亦既賤之，必棄遺而疏遠矣。」說甚明白，愈於索隱，宜取以易之。

所說出於爲厚利者也，而說之以名高，則見無心而遠事情，必不收矣

案：各本脫「爲」字，今依上下文補。彼注云：「所說之人意在厚利，今以名高說之，此則爲己無相時之心，而闊遠事情，則必見棄而不收矣。」此注亦勝索隱。

所說陰爲厚利而顯爲名高者也

案：陰與顯意相反，各本作「實爲厚利」，索隱依以爲說，不若「陰」字明順。今依韓非子正。

夫事以密成，語以泄敗

案：下文「而語及所匿之事」，是「匿」與「泄」皆屬語不屬事。各本作「而以泄敗」，則「泄」承事言，非也。今依韓非子正。

徑省其辭，則以爲不智而屈之；汎濫博文，則以爲多而久之

案：各本此二句「以爲」字皆脫，與上文「則以爲間己」、「則以爲鬻權」、「則以爲借資」、「則以爲嘗己」語例不倫，今依韓非子補。惟韓非子「屈」作「拙」，皆當讀爲「黜」；「汎濫博文」作「米鹽博辯」，彼注頗爲迂迴；「久」作「交」。皆不如此文之當。「汎濫」與「徑省」意相反對，正義曰：「言浮說廣陳，必多詞理，時乃永久，人主疲倦。」是也。

凡說之務，在知飾所說之所矜，而滅其所醜

案：矜，各本作「敬」，不如「矜」字之直截，今依韓非子正。醜，彼文作「恥」，義無甚別，仍之。

自勇其斷，則無以其謫怒之

案：彼注：「彼或自以斷爲勇，則無得以其先所罪謫而動怒之也。」謫，各本作「敵」。索隱：「無以己意而攻閒之，是以卑下之謀自敵於上，以致譴怒也。」義較迂迴，今依韓非子正。

譬異人與同行者接**規異事與同計者**接**有與同汚者**接**則必以大飾其無傷也；有與同敗者，則必以明飾其無失也**

案：各本「譬異人」句倒在「規異事」句下，「有與同汚者」句脫，「則飾其無傷」句無所承。正義：「劉伯莊云：『貴人與甲同計，與乙同行者，說士陳言無傷甲乙也。』」承上二句釋之，義極迂謬，甚可駭笑，且不悟與下文「飾其無失也」句上承「有與同敗者」爲文，語意不倫也。彼注：「其異人之行若與彼同汚者，則大文飾之，言此汚何所傷；其異事之計若與彼同敗者，則明爲文飾，言此敗何所失。」以彼校此，如幽得燭矣。「以大飾」作「以飾」，「以明飾」作「明飾」，上脫「大」，下脫「以」，遂用「明」字對「以」字，無此文理。今皆依韓非子正。

此所以親近不疑而得盡辭也

案：「而得盡辭也」各本作「知盡之難也」。索隱：「謂人臣盡知事上之道難也。」則與「親近不疑」意不接。今依韓非子正。

接**伊尹爲宰，百里奚爲虜，皆所以干其上也。此二子者，皆聖人也，猶不能無役身而涉世**

如此其汚也接今以吾言爲宰虜，而可以聽用而振世接此非能仕之所恥也接夫曠日離久而周澤既渥至此説之成也接昔者鄭武公欲伐胡至鄭人襲胡取之接宋有富人至而疑鄰人之父接此二説者

案：各本「伊尹」至「汚也」節在「此説之成也」句下，「今以吾言爲宰虜，而可以聽用而振世」二句皆脱，「所恥」作「所設」，「曠日」至「成也」節在「知盡之難也」句下，「昔者鄭武公」節在「而疑鄰人之父」句下，今皆依韓非子正。宰作「庖」，依「宰虜」句正。「夫曠日離久」句，夫作「得」，離作「彌」，亦依彼文正。惟「涉世」彼文作「進加」，「既渥」彼文作「未渥」，不如此文之當，從。

故有愛於主，則知當而加親；見憎於主，則罪當而加疏

案：「罪當」句韓非子作「知不當有罪而加疏」，詳略不同，義皆可通。

司馬穰苴列傳第四

景公時，晉伐阿、鄄，燕侵河上

攷證：「古史攷曰：『以春秋左氏攷之，未有燕、晉伐齊者也。』戰國策稱『司馬穰苴執政者也，湣王殺之』。意者穰苴湣王之臣，嘗爲湣王卻燕、晉，而戰國雜説遂以爲景公時耶。」

案：孫吳列傳：「魏文侯問李克曰：『吳起何如人哉？』李克曰：『起用兵，司馬穰苴不能過也。』」是時

姜齊未亡，田齊未立，李克已以穰苴比吳起，安得謂爲湣王臣耶？惟燕、晉伐齊事，不惟左氏無之，卽年表、世家亦無之，誠爲可疑。且穰苴斬君之寵臣，與孫武殺王之愛姬，如此矯激之風，春秋時所未有。蓋亦寓言，非事實也。

至常曾孫和，因自立爲齊威王

索隱：「此文誤也，當云田和自立，至其孫，因號爲齊威王。故世家云田和自立，號太公，其孫號威王也。」

案：此文不誤，小司馬不達古書體例而爲之辭也。古書有互言，例如禮記喪大記「復者朝服，君以卷，夫人以屈狄。」鄭注：「君以卷，謂上公也。夫人以屈狄，互言耳。上公以袞，則夫人用褘衣；而侯伯以鷩，其夫人用揄狄；子男以毳，其夫人乃用屈狄矣。」正義曰：「男子舉上公，婦人舉子男之妻。男子舉上以見下，婦人舉下以見上，是互言也。」淮南子泰族訓：「師延爲平公鼓朝謌、北鄙之音。」高注：「衞靈公宿於濮水之上，聞琴音，召師涓而寫之，蓋師延所爲紂作朝謌、北鄙之音也。」是爲紂作樂者師延，爲平公奏樂者師涓。此文舉師延以見紂，舉平公以見師涓，亦互言也。然則此傳亦係互言，舉田和以見太公，舉威王以見因齊也。因齊者，威王名也。

孫子吳起列傳第五

馳逐重射

案：此與下文「逐射千金」意同，謂其馳射注重金以博勝負也。索隱：「重射，好射也。」失之。

相商文○謂商文曰○商文曰○吳起乃自知弗如商文。商文既死

案：各本皆作「田文」，今依索隱引呂氏春秋正。

伍子胥列傳第六

「不亦謬乎！」吳王不聽，伐齊接其後五年，復伐齊接齊鮑氏弒其君悼公而立壬。吳王欲討其賊，不勝而去接明年接吳王將北伐齊，越王句踐用子貢之謀至「後將悔之無及」。吳王不聽接遂伐齊，大敗齊師於艾陵，遂盟鄒、魯之君以歸接益疏子胥之謀接使子胥於齊至因命曰胥山接明年接吳王召魯、衛之君會之槖皋

案：各本顛倒錯亂，有甚於吳世家。如「大敗齊師於艾陵」在齊弒悼公以前，則上文誤入下文。「越王用子貢之謀」在敗齊艾陵以後，則一事誤爲二事。「弒悼公而立壬」，誤作「立陽生」，不知陽生即悼公也。「遂盟鄒、魯之君」誤作「遂滅」，二國豈吳所滅乎？今依左傳及世家正。「其後五年復伐齊」七字與兩言「明年」，依年表、世家補。

仲尼弟子列傳第七

受業身通者七十有七人

案：此傳不載而見於論語者一人，牢也；見於世家者二人，孟懿子、顏濁鄒也。孟懿子似非弟子，詳世家下。論語之陳亢，世家之顏刻，卽此傳原亢、顏高。顏高亦詳世家下，原亢詳下。惟牢亦云琴張，與顏濁鄒究爲此傳所遺，合之爲七十九人。

顏淵少孔子四十歲

案：四，各本作「三」，誤也，今正。論語：「顏淵死，顏路請子之車以爲之椁。子曰：『鯉也死，有棺而無椁。』」世家：「伯魚年五十，先孔子卒。」家語：「夫子年二十生伯魚。」顏淵三十二而死，若少孔子三十歲，則顏淵死時孔子年六十一，古書言年皆連本年計之，如三年之喪，再期也，中月而禫亦止二十七月耳。至六十九而伯魚死，伯魚之死，在顏淵後。許叔重遂謂論語稱伯魚死時實未死，假言死耳。是說之不可通，鄭君雖以理想駁之，猶未據事實正之也。今案世家「孔子遷于蔡三歲，吳伐陳，楚救陳，軍于城父。聞孔子在陳、蔡之間，使人聘孔子。孔子將往拜禮，陳、蔡大夫相與圍孔子於野。顏回入見」云云，下云「是歲也，孔子年六十三」。然則孔子年六十三，顏淵尚在也。世家又云「孔子去魯年五十六，凡十四歲而反乎魯」，則年六十九矣。下云「然後樂正，成六藝。讀易，韋編三絕。顏淵喟然歎曰」云云，是孔子年六十九，顏淵亦尚在也。顏淵之死，必不在孔子年六十一之歲，明矣。近儒臧鏞、翟灝之屬皆謂顏淵死年惟見於家語，家語王肅僞造，不足信，改爲年四十二而死。雖亦在孔子年六十九之後，然列子力命篇曰：「顏淵之才，不出衆人之下，而壽四八。」四八者，三十二也。三國吴志孫登傳：權立登爲太子，年三十三卒，臨終上疏曰：「周晉、顏回有上智之才而尚夭折，況臣年過其壽。」是時王肅之僞家語未出，而其言與之密合，則家語之「三」字不誤。此傳「三」字乃「四」字之誤，少孔少四十歲，三十二而死，當孔子年七十一，伯魚先三年死，乃於論語、列子、吴志及世家之言皆可通也。

回年二十九，髮盡白，蚤死

案：家語：「年二十九而髮白，三十二而死。」則此云二十九，專謂髮白之年。「蚤」字乃釋死年，若死年卽髮白之年，則「蚤」字可諧矣。非謂年二十九而死也。

宰予字子我至予非其人也止

案：各本下云「宰我爲臨淄大夫，與田常作亂，以夷其族，孔子恥之」。與全書相剌謬。齊太公世家有「闞止子我」，田敬仲世家作「監止子我」，皆言簡公使爲政，爲田常所殺，此屬之宰予子我，其謬一。彼欲止亂，此言作亂，其謬二。與田常作亂者夷族，田常身爲亂首轉得免禍，其謬三。李斯傳曰：「田常陰取齊國，殺宰予於庭，卽弑簡公於朝。」然則宰予之死，與孔父、仇牧、荀息相若，乃春秋之所榮，孔子何以恥之？其謬四。此事一誤而改「闞止」爲「宰予」，再誤而變田常所夷族爲與田常作亂而夷族，當由異學之徒造言誣衊，猶謂孔子至楚勸白公作亂之比。後人無識，竄入此節之末爾，今刪。

田常欲作亂於齊至十年之中，五國各有變

案：游説之風自蘇、張始，豈子貢時卽有此？至云「吳、晉爭彊，晉人擊，大敗吳師」，與吳、晉世家皆不合。豈所謂馳説者（聘）〔騁〕其辭，〔二〕不務綜其終始者，太史公亦或取之耶？不然，後人竄入也。韓非子五蠹篇曰：「齊將攻魯，魯使子貢説之。齊人曰：『子言非不辯也，吾所欲者土地也，非斯言所謂也。』遂舉兵伐魯，去門十里以爲界。故子貢辯智而魯削。」其言與此傳相反，孰信孰否，要皆寓言而已。

商瞿字子木，少孔子二十九歲止

案：各本下云「孔子傳易於瞿」，又自瞿歷敍所傳至楊何。以此例之，不當敍子游傳禮至二戴、敍子夏傳春秋至嚴、顏乎？況於游、夏轉不詳孔子所傳何學耶！餘詳儒林傳下。此與儒林傳皆從漢書儒林傳竄入爾，今刪。

原亢籍

案：此卽陳亢也。陳大夫原仲，陳之公族。原亢其族，故亦稱陳亢。亢讀爲吭。吭，鳥嚨也。籍讀爲雔。籍雔皆從昔聲，故相通，隸變作「鵲」。鵲，禽也。故字鵲，亦字禽也。惟「公孫龍」下云：「自子石已右三十五人，頗有年名及受業聞見于書傳。其四十二人，無年及不見書傳者，紀于左。」案：陳亢乃聞見于書傳之人，何爲列于此？當由妄人不達原亢卽陳亢，而移至不見于書傳之列，別易一無年名者于上而增之也。

毀者或損其真闕余以弟子名姓文字

案：各本中云：「鈞之未覩厥容貌，則論言弟子籍，出孔氏古文近是。」殊不成語，豈毀譽之真實，覩厥容貌便詳審耶？孔子尚言「以貌取人，失之子羽」，豈太史公之識優於孔子耶？且孔氏古文謂何經之古文，如謂論語，何不曰「古文論語」而爲此歇後語耶？卽上所載姓名文字，亦今文論語所有，何必以古文別之。此後人竄入，而其中別有闕文，今無從校補矣。

商君列傳第八

秦利則西侵，秦病則東收地

案：「秦利」與「秦病」相對成文，上「秦」字各本脫，今補。

推賢而戴者進，聚不肖而王者退

案：「王」字不可解，疑誤。

蘇秦列傳第九

說燕文侯○趙肅侯○韓宣惠王○魏襄王○齊宣王○楚威王○於是六國從合○秦兵不敢闚函谷關十五年

案：六國表是爲燕文侯二十八年，趙肅侯十六年，韓宣惠王二十五年，魏襄王元年，齊宣王九年，楚威王六年，於周爲顯王三十五年，於秦則惠文王四年也。秦本紀惠文王十四年，更爲元年。七年，韓、趙、魏、燕、齊共攻秦，秦使庶長疾與戰修魚，虜其將申差，敗趙公子渴、韓太子奐，斬首八萬二千。自前四年至後六年，與六國無大戰事，且此戰亦由五國攻秦，而秦出兵應之，非秦東伐，是謂「秦兵不敢闚函谷關十五年」也。惟前七年，公子卬與魏戰，虜其將龍賈，斬首八萬。九年，渡河取汾陰、皮氏；與魏王會應；圍焦，降之。案：七年卽魏襄王四年，九年卽六年，魏世家皆在五年，與秦本紀小異。

其後秦使犀首欺齊、魏，與共伐趙至從約皆解

集解：「徐廣曰：『自初說燕，至此三年。』」

考證：「徐孚遠曰：『正文云「秦兵不出十五年」，而徐云「自初說至此三年」，二說縣殊。』」

案：秦兵出關不得與從約皆解爲一事。趙世家肅侯十八年「齊、魏伐我」，齊世家宣王十一年「與魏

伐趙」，魏世家無文，六國表於三國皆載之，與此傳合。自是三國交兵，非秦伐東諸侯也。從約自解，秦兵自不出，事殊年別，何謂二說縣殊。

今臣爲王卻齊之兵而得十城

案：各本「得十城」上衍「攻」字，此非攻而得也，今删。

而使人刺蘇秦，不死殊而走

案：段注說文「殊」字引左傳釋文補曰：「一曰斷也。蘇秦不死殊而走者，謂人雖未死，創已決裂也。」此說直捷，勝於集解。

今涇陽君、高陵君先於燕、趙接因以爲質，則燕、趙信秦

案：各本中有「秦有變」三字，於上下文義不相屬，衍也。今删。

夫破宋，殘楚淮北，肥大齊，讎彊而國害：此三者皆國之大敗也○夫以宋加之淮北，彊萬乘之國也，而齊并之，是益一齊也

案：此文「夫破宋」爲句，「殘楚淮北」爲句，「肥大齊」爲句，所謂「三者國之大敗也」，故下云「反宋地，歸楚淮北，燕、趙之所利也。」正義曰：「更以淮北之地加於齊都，是彊萬乘之國而齊總并之，是益一齊。」案：此正文「夫以宋加之淮北」四句之注也，乃分布正義入正文者中斷「肥大齊」句，橫插

此注於「大」字下，是破上文如「宏演之腹」，納下注爲「衛懿之肝」，此誤之離奇不可思議者，益可爲正文多錯亂之證。

然則王何不使辯士以此言說秦

案：各本「此言」上有「若」字，上文「然則王何不使辯士以此言說秦王」無「若」字，則此「若」字衍也。今刪。

已得講於魏

案：各本作「趙得講於魏」，誤也。今依下文「已得講於趙」句例正。

嬴則兼欺舅與母接母不能制，舅不能約接適燕者至用兵如刺蜚接龍賈之戰

案：各本「母不能制」二句倒在「用兵如刺蜚」下，致與上下文意相間斷，今正。

張儀列傳第十

則趙不南接梁不北接趙不南而梁不北接則從道絕

案：各本「梁不北」三字倒在「而梁不北」句下，今正。

聞蘇秦死，乃說楚王〇韓王〇齊湣王〇趙王〇燕昭王

案：六國表是爲周赧王四年，秦惠王後十四年，楚懷王十八年，韓襄王元年，齊湣王十三年，趙武靈王十五年，燕昭王元年也。

偏守新城，存民苦矣

案：「存」字不甚可解，疑誤。

約四國爲一以攻趙，趙必四分其地

案：各本作「趙服，必四分其地」，「服」字衍，今删。

樗里子甘茂列傳第十一

葬於渭南章臺之東接樗里子疾室至故俗謂之樗里子接秦人諺曰

案：各本「之東」下曰「後百歲，是當有天子之宮夾我墓」，「樗里子」下曰「至漢興，長樂宮在其東，未央宮在其西，武庫正直其墓」，與吕不韋傳夏太后別葬杜東曰「後百年，旁當有萬家邑」，此皆堪輿家言也。堪輿之說，出自分野，周禮保章氏「分野」注可證，詳序證分野節。七略有形法家宮宅地形二十卷，亦爲劉歆之學者所造，先秦時安得有此說，此亦後人竄入也。今删。

今公與楚解口地，封小令尹以杜陽○韓亡，公仲且躬率其私以鬭於秦

案：此與上下文皆不相應，且韓既爲向壽所亡，則韓之公叔何以能鬨向壽於韓，語不可解，當有脱

誤。

公孫奭黨於韓，故王不信也〇公不如善韓以備楚，則無患矣

案：此文更相矛盾。

韓氏必先以國從公孫奭至是以公孫奭、甘茂無事也

案：此文亦不可解。

夫項橐生七歲爲孔子師

案：此亦寓言也。甘羅自以年十二不爲小，故假託是說以相形，非真有項橐其人也。不然，其文辭不少概見，何也？

穰侯列傳第十二

請爲公毋急秦至且不聽公

案：此文亦不可解。

孟子荀卿列傳第十四

先序今以上至黃帝至至天地未生〇先列中國名山大川至及海外人之所不能睹接以爲儒者

所謂中國者至乃有大瀛海環其外

案：「先序」至「未生」，縱說古今也；「先列」至「其外」，橫說遠近也。各本中云「稱引天地剖判以來，五德轉移，治各有宜，而符應若茲」。乃復縱説古今，與上下文義不相屬。五德始伏羲，與「上至黃帝」句義亦不相應，增竄之跡甚顯。漢書郊祀志曰：「自齊威、宣之時，騶子之徒，論著終始五德之運。」諦觀此傳，決非原文，乃劉歆之誣騶衍也。餘詳序證終始五德節及封禪書下。今刪。

騶衍適梁，梁惠王郊迎○適趙，平原君側行襒席。如燕，昭王擁彗先驅

案：梁惠王世次與騶衍不相當，孟子適梁之次年，惠王卽薨，則此傳上云「騶衍後孟子」，不當與惠王同時，一也。惠王亦不與平原君、燕昭王同時，二也。平原君傳：公孫龍說平原君不可以信陵君之存邯鄲而請封，平原君厚待公孫龍，及騶衍過趙，乃絀公孫龍。案：信陵君存邯鄲事在趙孝成王九年，使騶衍過趙卽在是年，去梁惠王薨七十八年，不及相見，三也。梁於是時實當昭王。然此語在孟子傳中，繹其文義自當作「惠王」，以形其優禮騶衍過於孟子也，豈所謂馳說者騁其辭，不欲令儒者斷其義耶？顏黃門曰：「吾嘗笑許純儒不達文章之體。」是則文章之於義理，固有離之則雙美，合之則兩傷者，不可不知也。

自騶衍與齊之稷下先生如淳于髡至豈可勝道哉

案：世次衍在髡後，文先於髡者，上承騶忌稱三騶子而言也。

而趙亦有公孫龍爲堅白同異之辯闕劇子之言；魏有李悝，盡地力之教；楚有尸子、長盧闕阿之吁子焉。自孟子至于吁子，世多有其書，故不論其傳云倒蓋墨翟，宋之大夫，善守禦，爲節用止

案：趙亦有公孫龍者，别於仲尼弟子列傳之公孫龍也。彼傳不言爲堅白同異之辯，此傳不言字子石，則非一人明矣。索隱誤謂一人，以篇末「或曰並孔子時」爲證，不思又云「或曰在其後」，不仍可爲非一人之證乎！且此二句上承「自孟子至吁子」而言，孟子梁惠齊宣時人，公孫龍與騶衍同時，李悝仕魏文侯，尸子係衛鞅客，劇子、長盧、吁子、墨翟皆可類推，太史公豈有謂其「並孔子時」之理？此二句必是後人旁記誤入正文爾，今删。「之辯」下、「長盧」下皆有闕文，「劇子」句與上文語意不倫，「阿之吁子」上承「楚有尸子、長盧」爲文，似吁子亦楚人矣。集解：「阿者，今之東阿。」則是齊之邑名，與趙、魏、楚、宋皆國名，義不相當，以上當有「齊有某邑某人」句，今皆脱爾。「墨翟」三句，上文所脱而倒列於末也。

孟嘗君列傳第十五

封田嬰於薛〇嬰卒，諡爲靖郭君

索隱：「靖郭或封邑號，故漢齊王舅駟鈞封靖郭侯。」

文卒，謚爲孟嘗君

集解：「詩云：『居常與許。』鄭箋：『常或作「嘗」，在薛之南。』孟嘗邑于薛城。」索隱：「孟常襲父封薛，而號曰孟嘗，此云謚，非也。孟，字；嘗，邑名。」

案：謚，猶號也。白虎通號篇、謚篇皆釋黃帝稱「黃」之義可證。謚爲靖郭君，謚爲孟嘗君，猶號爲綱成君蔡澤號爲馬服君趙奢之比，非周書謚法解之謚也。此亦有封邑而別爲名號之屬，詳秦本紀武安君下。

出入乘輿矣

案：各本「輿」下衍「車」字，今依上文「出無輿」句刪。

平原君虞卿列傳第十六

闕欲以信陵君之存邯鄲爲平原君請封

案：各本上作「虞卿」，誤也。虞卿去趙十年矣。詳下。

虞卿者○說趙惠文王○秦、趙戰于華陽，趙不勝，亡一都尉至賀戰勝者終不肯媾闕使趙郝約事於秦至秦索六城於王，而王以六城賂齊。臣見秦之六城至趙而反媾於王也○魏請爲從，趙惠文王召虞卿謀。過平原君○虞卿既以魏齊之故，不重萬户侯卿相之印，與魏齊閒

行去趙

案：惠文王各本作「孝成王」，下同。華陽作「長平」。「終不肯嫌」下云：「長平大敗，遂圍邯鄲。秦既解邯鄲圍，而趙王入朝。」皆誤也。范雎傳：秦昭王四十一年，王欲爲范雎報讎，聞魏齊在平原君所，誘平原君入秦，乃遺趙王書，使人疾持魏齊頭來。虞卿與魏齊亡走大梁，欲因信陵君以走楚。信陵君初難見之，魏齊自剄，趙王取其頭予秦。秦乃出平原君歸。趙年表：是歲卽趙惠文王三十三年，次年爲孝成王元年，是孝成王未立，虞卿已去趙矣。至孝成王六年，秦破趙長平，九年乃圍邯鄲。此傳謂孝成王不聽虞卿之言，致有長平之敗，邯鄲之圍；平原君傳亦謂邯鄲圍解後，虞卿欲爲平原君請封，則似虞卿去趙在信陵君救趙之後矣。然信陵君留趙十年，若在十年以內，信陵君不在大梁。如當返魏之年，應侯免矣，昭王薨矣，平原卒矣，安復得昭王欲爲應侯報讎而召平原君入秦事？侯嬴自信陵君至晉鄙軍之日自殺矣，安得在信陵旁述虞卿解相印捐萬户侯事？且秦圍邯鄲在齊王建八年，君王后當國事秦謹，安敢受趙賂與之謀秦？卽謀秦，是時之秦，豈復畏趙而反嫌於趙耶？是後亦無趙、魏合從事，及魏公子率五國之兵破秦軍，時平原君死五年矣，虞卿安復得過平原君？趙策：虞卿請趙王以百里之地請殺范座於魏。魏世家載此事，在安釐王十一年後，二十年，信陵君救趙前，亦可見虞卿仕趙在秦圍趙前也。趙世家：「惠文王十七年，秦拔我兩城，十八年，拔我石城，十九年，敗我二城，二十五年，白起破我華陽，得一將軍。」與此云亡一都尉似是一事。自此至三十三年，秦無伐趙事，當是虞卿制媾之功也。然則此傳兩言孝成王當作「惠文王」，長平當作「華陽」，圍邯鄲事因敗長平之誤文而竄入也。今删正。

信陵君列傳第十七

封公子爲信陵君

索隱：「地理志無信陵，或曰是鄉邑也。」

案：此亦有封邑而别爲名號也。

春申君列傳第十八

封爲春申君

〔索隱〕〔正義〕〔三〕：「四君封邑，檢皆不獲，惟平原有地，又非趙境，蓋並號謚，而孟嘗是謚。」

案：下云「賜淮北十二縣」，此亦有封邑而别爲名號也。又下言「獻淮北十二縣，請封於江東。因城故吳墟，以自爲都邑」，後世謂之申江，轉因其名號以名封邑矣。

君先時善秦二十年而不攻

案：「君先時」各本倒作「先君時」，今正。

不能愛許、鄢陵，其許魏割以與秦

案：此二句亦不甚可解，疑誤。

置東郡接楚考烈王無子

案：各本「置」上有「作」字，當是「置」字之旁注混入正文而又誤倒也。中云「春申君由此就封於吳，行相事」，皆衍文也。上文「城故吳墟，以自爲都邑」在爲相後十五歲，此在爲相二十二年之後，何待復言「就封而行相事」耶？今刪正。

後更立兄弟接亦各貴其故所親

案：各本中云「則楚更立君後」與上句義複，「立後」亦與「立君」義複，衍也。今刪。

范睢蔡澤列傳第十九

當是時，秦昭王四十一年也至睚眦之怨必報接秦昭王聞魏齊在平原君所，欲爲范睢必報其讐至昭王謂平原君曰：「昔周文王得太公望以爲尚父」

案：下云「齊桓公得管夷吾以爲仲父，今范君亦寡人之叔父也」。「仲父」、「叔父」與「尚父」語意相應。各本作「昔周文王得呂尚以爲太公」，語意不倫，誤也，今正。且齊世家曰：「自吾先君太公望子久矣，故號之曰太公望。」是文王稱其先君曰「太公」，稱尚父乃爲「太公望」，非「太公」也。稱太公望爲太公，乃漢以後語，先秦尚不云爾。或曰：以爲尚父者，武王也，何得屬之文王？曰：得太公望者，文王也；以爲尚父者，武王也。視桓公之於管仲、昭王之於范雎，自得之而自父之本自不同。此語爲下二句而設，不得不合二事爲一，所以便文，非以稽古也。餘詳下。

至又不出王之弟於關，趙惠文王乃發卒圍平原君家

案：平原君乃惠文王之弟也。惠文王各本誤作「孝成王」，則與上句不可通。今正。

至秦昭王乃出平原君歸趙接范雎相秦二年，秦昭王之四十二年，東伐韓少曲、高平，拔之

接四十三年，攻韓汾陘，拔之

案：各本「范雎相秦二年」至「高平拔之」二十三字，誤列「睚眦之怨必報」句下，致「必報」句與「必報其讐」句義不相屬。秦昭王四十二年、四十三年兩次伐韓，文亦不相屬。且於「四十三年」上衍「昭王」二字，「伐韓」上衍「秦」字，而昭王爲范雎報讐者，乃退在四十二年矣，今皆删正。此事在四十一年，當趙惠文王三十三年，故秦王遺趙王書，稱平原君爲王之弟者再。是歲惠文王薨，太子即位，是爲孝成王。若在昭王四十二年，乃當孝成王元年，安得稱平原君爲王之弟耶？

廉頗藺相如列傳第二十一

李牧者○匈奴每來出戰接不利

案：各本中複「出戰」二字，衍也。今删。

田單列傳第二十二

襄王封田單號曰安平君接初，淖齒之殺湣王也至乃相聚求其子立爲襄王

案：「初，淖齒」至「立爲襄王」一節，各本誤在贊語「其田單之謂耶」下；「其子」誤作「諸子」。今並正。

魯仲連鄒陽列傳第二十三

不敢復言帝秦。秦將聞之，爲郤軍五十里

案：此王充所謂文增也。秦圍邯鄲，志在滅趙。新垣衍欲帝秦，亦未必果能紓趙禍，魯仲連不帝秦之説，何與於秦將而郤軍耶？下云「適會魏公子無忌奪晉鄙軍以救趙，擊秦軍，秦軍遂引而去」。方是實録。

其後十餘年，燕將攻下聊城○齊田單攻聊城歲餘○不下○栗腹以十萬之衆五折於外

案：各本作「其後二十餘年」。集解：「徐廣曰：『年表以田單攻聊城在長平後十餘年耳，「二十餘」，誤也。』」此説是也。今年表無此文，脱也。年表：秦破趙長平在齊王建五年，栗腹軍破在燕王喜四年，

卽齊王建十四年，燕將攻下聊城卽當在是年。田單攻之歲餘，乃在十五年。通鑑大事記載於是年，是也。自齊王建五年至十五年，則爲後十餘年耳。「二」字誤衍，今删。

宋信子罕之計而囚墨翟

索隱：「左氏：司城子罕姓樂名喜，乃宋之賢臣也。漢書作『子冉』。不知子冉是何人。文穎曰：『子冉，子罕也。』荀卿傳云：『墨翟，孔子時人，或云在孔子後。』又襄二十九年左傳：『宋饑，子罕請出粟。』時孔子適八歲，則墨翟與子罕不得相輩，或以子冉爲是，不知何如也。」

案：宋有兩子罕，韓非子二柄篇：「子罕謂宋君曰：『夫慶賞賜予者，民之所喜也，君自行之；殺戮刑罰者，民之所惡也，臣請當之。』於是宋君失刑而子罕用之，故宋君見劫。」外儲說曰：「於是戮細民而誅大臣。君曰：『與子罕議之。』居期年，民知殺生之命制於子罕也，故一國歸焉。故子罕劫宋君而奪其政。」韓詩外傳作「子罕遂去宋君而專其政」。然則此子罕必非樂喜，春秋時亦無被劫之宋君，則此事必在春秋後矣。賈誼新書先醒篇：「昔宋昭公出亡，至于境，喟然歎曰：『吾發政舉事，朝臣千人，無不曰吾君聖者。吾外內不聞吾過，吾困宜矣。』於是革(面)〔心〕易行，〔四〕晝學道而夕講之。二年，美聞於宋，宋人車徒迎而復位。」疑昭公之出亡，卽爲子罕所劫。舉一事而千人稱聖，正以行慶賞而不及刑罰所致，其失威柄由此，其得復位或亦由此。宋亦有兩昭公，一名杵臼，一名特。杵臼於魯文公十六年被弑，此必特也。世家：「特攻弑景公太子而自立。」景公在位六十四年。

年表：「景公三十六年，當魯哀公十四年，則昭公之立，後春秋三十年矣。禮記檀弓篇：「季康子之母死，公輸般請以機封。」當在春秋末或稍後之。墨子：「公輸盤九設攻城之機變，墨子九距之。」則墨子亦與昭公世次相當，而子罕囚墨翟，亦足爲專主刑罰之證也。

屈原賈生列傳第二十四

賈嘉與余通書止

案：答本下云「孝昭時至九卿」。此褚先生所補，今删。

呂不韋列傳第二十五

姬自匿有身，至大期時，生子政

集解云：「徐廣曰：『期，十二月也。』」索隱：「譙周曰：『自匿有娠，則生政時固當踰常期也。』」

案：初有娠時可匿，豈產期亦可匿耶？及期而不能不產，猶不及期而不能產，豈娠者所能自主？過期而產，千萬之一。漢昭帝十四月而生，豈鉤弋故緩其期耶？張照曰：「大期，猶詩言『誕彌厥月』也。若十二月，何以信其爲不韋子耶？」案此說較允南爲通事理，而仍不通文理也。不讀堯典「期三百有六旬有六日」乎？豈可作「彌月」解乎？太史公此言，所以傳疑也。不韋獻姬時固以爲有娠矣，或似娠而實非，或雖娠而月期仍至，亦有踰常期而生子者。果爲誰氏子，惟始皇母知之耳，後人焉知之？

拔其鬚眉爲宦者

案：宦者無鬚，非無眉也。此云拔其鬚眉者，非并其眉拔之也，特以修辭之例，因鬚而及眉。猶易傳「巽而耳目聰明」。巽爲耳，不爲目，乃因耳而及目。禮記「凶年不得造車馬」。車可造，馬不可造，乃因車而及馬也。

莊襄王母夏太后薨。孝文王后曰華陽太后，與孝文王會葬壽陵。夏太后子莊襄王葬芷陽，故夏太后獨別葬杜東接始皇九年

案：「孝文王后」四字誤也，上云：「安國君有所甚愛姬，立以爲正夫人，號曰華陽夫人。安國君立爲王，華陽夫人爲王后。王薨，謚爲孝文王。子楚代立，爲莊襄王，所養母爲華陽太后。」是華陽太后卽孝文王后也，安得別有孝文王后述華陽太后葬所哉？〔五〕如其自言，無此文法，不知何字之誤，不可攷矣。各本中云「東望吾子，西望吾夫，後百年，旁當有萬家邑」。此後人竄入，詳樗里子傳下。此文有更不可通者，夏太后葬所乃其薨後孝文王后所定，生前安知在杜東而云爾耶？

嫪毐以不韋貴，封號長信侯

案：各本作「不韋及嫪毐貴，封號文信侯」。索隱曰：「文信侯，不韋封也。嫪毐封長信侯。上文已言不韋封，此贊中言嫪毐得寵貴由不韋耳，合作『長信侯』。」案：索隱改「文信」爲「長信」，是也。然不韋

與嫪毐列，文誤倒，「及」字不可解。今并正。

毐恐禍起至發卒以反蘄年宮接王知之接發吏攻毐

案：各本脱「王知之」句，今依始皇本紀補。

刺客列〔傳〕第二十六〔六〕

案：此總傳也，當與游俠、滑稽、貨值相屬。今在此，當爲後人亂其次矣。

其後八十五年，而晉有豫讓

案：各本作「七十餘年」，今依年表正。集解：「徐廣曰：『闔閭元年至三晉滅智伯，六十二年。』」非也。

其後六十一年，而軹有聶政之事

案：各本作「四十餘年」，今依年表正。集解：「自三晉滅智伯至殺俠累，五十七年。」亦誤。

其後百七十四年，秦有荆軻之事

案：各本作「二百二十餘年」，今依年表正。集解：「聶政至荆軻百七十年。」疑脱「四」字。

李斯列傳第二十七

君侯自料能多孰與蒙恬

案：各本「能」下脫「多」字。「能多」與下文「功高」、「謀遠」二句相對，今補。

故秋霜降者草華落

案：華，各本作「花」。唐人詩集始見「花」字，前此皆作「華」也。今正。

詐爲受始皇詔，詔丞相立子胡亥爲太子

案：「詔丞相」之「詔」字，各本脫，今補。

召趙高而示之曰至何變之得謀

案：此與上下文皆不相應，當有脫文。

若此則可謂督責之接督責之接則臣無邪

案：各本作「若此則謂督責之誠，則臣無邪」，脫一「可」字，「督責之」三字衍一「誠」字，今正。「督責之則臣無邪」與下文共疊七句，句皆七字，下句上三字皆複舉上句下三字，爲一例。

若此則可謂能督責矣

案：各本「督」下脫「責」字，今依上文例補。

蒙恬列傳第二十八

昔周成王初立至殺言之者而反周公旦

案：古人立言多爲時事而設，言故事以喻之，詳序證傳記寓言節。此於周公禱疾事，不言爲武王，而言爲成王者，蒙氏自喻其忠於二世也。若對始皇之使，亦當言周公爲武王矣。此傳不言爲武王，尚書不言爲成王，後人兼竄此言入魯世家，與上文引金縢語相複雜矣。且成王七年，周公遂能致政。則其初立時，亦非在襁褓者，周公卽離王朝，自可歸魯，何爲奔楚？揆之事理，相去絶遠，皆非事實故也。

〔一〕孔子系家　司馬貞避唐諱改「世」作「系」。

〔二〕馳説者（聘）〔騁〕其辭　「聘」訛，逕改。

〔三〕（索隱）〔正義〕　據史記春申君列傳正義改。

〔四〕革（面）〔心〕易行　據新書先醒改。

〔五〕安得別有孝文王后述華陽太后葬所哉　此係作者誤解文意的設問。

〔六〕刺客列〔傳〕　據史記刺客列傳補。

案：各本作「言此三人者」。張照曰：「『言』字疑衍，蓋從上『信』字誤寫。」此說是也。今删。

其人有籌筴

案：各本作「籌筴之計」，計卽筴也，漢書無此二字，今删。

淮陰侯列傳第三十二

願爲假王便。當是時，楚方急圍漢王於滎陽至漢方不利

案：高紀：漢王之圍於滎陽出也，入關收兵，出軍宛、葉間，北軍成皋，復爲項王所圍。出成皋，北渡河，奪張耳、韓信軍。使韓信東擊破齊，又破楚軍，殺龍且。事皆在漢三年至四年。漢王擊破曹咎軍氾水上，圍鍾離眛於滎陽東，乃述韓信使人請爲假王事，是漢方利，去圍於滎陽時久矣。此傳與之相反，當是原文殘缺，後人掇拾而成爾。漢書同。

韓王信列傳第三十三

韓王信者

集解：「徐廣曰：『一云「信都」』。」索隱：「楚漢春秋云韓王信都，恐謬也。諸書不言有韓信都。案：韓王信初爲韓司徒，後謁云『申徒』，因誤以爲韓王名耳。」

案：司徒、申徒、申屠、勝徒、信都，皆以聲同而通用也。韓信都者，以官名名其人也。古有以官名名人，而其名尚存者，伊摯是也；以官名名人而其名轉亡者，重黎是也。韓王之名已亡，而以官名名之，故曰信都。不然，本以官名爲人名，如宋武公名司空之比，其後去「都」存「信」，謂與淮陰侯同名。下文遂誤録彼信之言入此信傳矣。索隱「後謁云『申徒』」當作「後謁云『信都』」，故下曰「因誤以爲韓王名耳」。今亦爲鈔胥所亂也。

韓王信從入漢中接 漢王還定三秦

案：各本中有「説漢王曰，項王王諸將近地」云云。顏師古漢書注曰：「高紀及韓彭英盧傳皆稱斯説是楚王韓信之辭。」此傳復云韓王信語，豈史家謬錯乎？日知録亦云然。今删。

臨江王共尉

集解：「李奇曰：『共敖子。』」

案：月表作「共驩」。然則驩當讀爲懽，尉當讀爲慰，「懽」與「慰」蓋一名一字也。

自立爲代王

案：各本作「自立爲大王」，陳子龍謂「代王」之音誤，今正。

田儋列傳第三十四

項王遂夷齊城郭，所過者盡屠之

集解：「徐廣曰：『立故王田假也。』」

案：月表：楚立假，橫擊假，假走楚，楚殺之也。

樊酈滕灌列傳第三十五

賜上聞爵

案：各本作「上問」，今依集解「如淳曰問或作聞」、索隱「張晏云得徑上聞」正。

曲周侯酈商者至子侯世宗立止

案：各本「侯」上有「懷」字，下云「世宗卒，子侯宗根立」。年表：侯宗根元年在元鼎二年，則世宗卒於元鼎元年也。「麟止」以前，安知其謚？此皆後人竄入也。今删。

汝陰侯夏侯嬰至子侯頗尚平陽公主止

案：各本下云「元鼎二年，自殺，國除」。亦非「麟止」前語，今删。

張丞相列傳第三十六

案：此傳亡而録漢書以補之也。以「終始五德」之義釋易服色，自劉歆始，詳序證五德節。此傳亦歆所作也。設爲張蒼漢家水德之言，乃出公孫臣土德之言以形其短而設爲公孫臣土德之言，又爲自出火德之言以形其短之張本也。文具漢書郊祀志。設言張蒼歷乃出顓頊歷以形其短，而設爲顓頊以下六歷，又爲自出三統歷以形其短之張本也。文具漢書律歷志。是張蒼傳者郊祀、律歷志之渡津筏也。孝文本紀：其改元年以得玉盃故，無所謂黄龍見成紀，於是召公孫臣草土德之歷更元年也。此傳所云，誣張蒼且誣文帝矣。且張耳陳餘合傳，述張耳未畢，即出陳餘；魏其武安合傳，述魏其未畢，即出武安又出灌夫者，以其事相牽屬，故錯綜其文以總敍之也。張蒼與周昌、趙堯、任敖絶無一事相關，特以四人相次爲御史大夫，而蒼承其後，强分一傳以跨三傳，前後效顰之跡，可笑甚矣。

酈生陸賈列傳第三十七

曲周侯酈商以右丞相將兵

案：各本脱「右」字，今依商傳補。是時蕭何爲丞相，故酈商但爲右丞相也。

更食武遂，嗣三世止

案：各本下云「元狩元年，國除」。亦「麟止」後語，今删。

傅靳蒯成列傳第三十八

太史公自序集解：「張晏曰：『亡』。」

案：此言轉不足信。傳或從漢書補録，贊乃班氏所無，文亦似太史公作。三侯立國之年，皆與功臣侯表合，其他補作，無此完密也。

陽陵侯傳寬○侯偃立三十一年，坐與淮南王謀反，死

案：各本作「二十一年」，誤也。年表：偃自景帝前四年立，至武帝元朔六年爲三十一年，乃淮南王謀反之年也。今正。

蒯成侯緤者○至孝景中元年，封緤子應爲康侯，一年卒，子侯仲居立

案：各本作「至孝景中二年，封緤子居代侯」。依年表則此傳誤「元」爲「二」，脱康侯一代，「居」上一「仲」字，今補正。下云「元鼎三年，有罪，國除」。非「麟止」前語，今删。

季布欒布列傳第四十

欒布者○子賁嗣止

案：各本下云「爲太常，犧牲不如令，國除」。年表在元狩六年，今删。

袁盎鼂錯列傳第四十一

吾與而兄善，今而廷毀我

案：各本作「今兒」，聲之誤也，今正。

無何

案：各本作「毋苛」，聲之誤也，今依漢書正。

錯父謂錯曰：「公爲政」

案：漢書師古注曰：「錯爲御史大夫，位三公也。」此說非是。稱人爲公，非當時語，乃太史公之辭也。藺相如稱其舍人、韓信稱下鄉亭長、袁盎稱吳相從史及安陵富人皆曰公，豈三公耶！

萬石張叔列傳第四十三

萬石君至而齊大治，爲立石相祠止

案：各本下述元狩、元鼎以後事，後人竄入也。今删。

建陵侯衞綰者至子信代侯止

案：各本「代」下無「侯」字，下云「坐酎金失侯」，此元鼎五年事，今删，則「侯」字當徙此。

塞侯直不疑者至子相如代侯止

案：各本「代」下無「侯」字，云「孫望坐酎金失侯」，此元鼎五年事，今刪，則「侯」字當徙此。

田叔列傳第四十四

仁爲丞相長史，失官止

案：各本下述其自剌舉三河爲京輔都尉，此官元鼎四年置，詳正義。又下云「仁坐縱太子，誅死。仁發兵，長陵令車千秋上變仁，仁族死。」張照曰：「仁既以坐縱太子誅，豈又以車千秋訟太子寃而族誅乎？」此說亦可爲非才妄續之證。今并刪。

扁鵲倉公列傳第四十五

盡見五藏六府癥結

案：各本脱「六府」二字。正義：「五藏謂心、肺、脾、肝、腎也，六府謂小腸、大腸、胃、膽、膀胱、三焦也。」兼釋「六府」，正文本有此二字明矣。正義亦脱「小腸」二字，今並補。

晉昭公時○趙簡子疾○扁鵲入視○其後扁鵲過虢，虢太子死○問中庶子喜方者○扁鵲過齊，齊桓侯客之案：此傳以扁鵲之醫術爲主義，相遇之人，雜取傳記，多係寓言，此無關於信史，非子產、叔敖之比，不可以世次求也。如以視趙簡子疾爲扁鵲時代之本位，則先簡子立百有三十九年而虢亡，晉昭公亦先是九年卒，後簡子死七十二年而田齊桓公午立。魏惠王時有中庶子官，見商君傳，秦、漢因之。文王世子漢儒所作，其言庶子，因漢制也。說苑辨物篇作「趙王太子死」，此似漢之趙王，故有庶子。然援以解此傳，仍去趙簡子時代太晚，且是時豈有稱王之趙國耶？齊桓侯，韓非子喻老篇作「蔡桓侯」。年表、世家：蔡桓侯與魯隱、桓同時，又視趙簡子時代太早，皆非事實明甚。索隱、正義以世次言之，未得太史公本意也。

此歲中亦除肉刑法○臣意盡十三年所，年三十九歲也

案：各本誤作「年盡三年，年三十九歲也。」上文「高后八年」集解：「徐廣曰：『意年二十六。』」孝文本紀：「十三年，除肉刑。」則此文當作「盡十三年所，年三十九歲也」。「盡十三年所」與上文「事之三年所」、「已死十年所」句法一例。「十」字依日知錄補。「十三年」上衍「年」字，今删；下脫「所」字，今補。

齊侍御史成之病，得之飲酒且內○齊章武里曹山跗病，得之盛怒而以接內○齊中尉潘滿如病得之酒且內○齊王故爲陽虛侯病，得之內○安陵阪里公乘項處病，得之內

案：內即「齊侯好內」之「內」，謂御女也。

齊北宮司空命婦病於出○使人腹腫病於出○所以知病於出

案：「病於出」各本皆作「出於病」，義不可解，當由校者不知出是病名，故與「病」字互易。說文：「㚊，女出病也。」醫書謂之「陰挺」，故此傳下文曰「疝氣之客於膀胱也」。今正。

相卽召舍人而謂之曰：「公奴有病不？」

案：各本「舍人」下衍「奴」字，今删。

奴之病，得之灸於火，數流汗，出而見大風也

案：各本作「奴之病，得之流汗數出，灸於火而以出見大風也」。今正。

齊淳于司馬病○卽走去，疾驅至舍

案：「疾驅」二字，各本誤倒，今正。

病喜陰處者順死，喜陽處者逆死

案：各本上句「喜」字上、下句「喜」字下皆有「養」字，義不可曉。下云「其人喜自静，不躁」，無「養」字，疑此二「養」字衍也。今正。

吴王濞列傳第四十六

高帝已定天下六年，立劉仲爲代王

案：「六年」各本誤作「七年」，今依漢興以來諸侯年表、楚元王傳集解及漢書諸侯王表正。

吳王先起兵接 正月丙午誅漢吏二千石以下接 膠西接 膠東、菑川、濟南、楚、趙亦然

案：「正月丙午」二句，各本誤在「膠西」下、「膠東」上，今依漢書本傳正。

李將軍列傳第四十九

廣軍功自如，無賞止

案：各本下述李蔡爲丞相在元狩二年，李陵降匈奴在天漢二年，贊言李廣之死，亦「麟止」後語。今刪。

匈奴列傳第五十止

趙信兵不利，降匈奴止

案：此元朔六年事也，衞將軍傳可證。以下卽非「麟止」前語，末言李廣利聞家以巫蠱族滅而降匈奴，乃征和三年事，雖主「訖太初」、「訖天漢」之說者亦不可通，後人從漢書竄入明矣。今刪。

衞將軍列傳第五十一

案：各本「衛將軍」下有「票騎」二字，亦後人所增竄，冠軍侯爲票騎將軍在元狩二年也。今删。

封騫博望侯止

案：此在元朔六年，以下即述元狩二年事矣，兩公孫以巫蠱族滅在征和二年，票騎與諸裨將傳皆從漢書竄入也。今删。

平津侯主父偃列傳第五十二

士亦以此賢之止

案：各本下云：「淮南、衡山謀反，弘病甚，上書乞骸骨。居數月，病有瘳，視事。」此非太史公語也。淮南、衡山謀反在元朔六年終，詳本傳下，「居數月」乃在「麟止」後矣。今删。

南越尉佗列傳第五十三

案：此與下三篇史記所本無，後人直録漢書西南夷兩粵朝鮮傳也。漢書合此四夷爲一傳，以其國皆爲漢所滅而作，並在元鼎、元封以後，則非「至于麟止」之義也。漢書有文帝賜趙佗書，此無。漢書載佗上書謝，此存五分之二。漢書曰：「然其居國竊如故號，嬰齊嗣立，即藏其先武帝、文帝璽。」則文王胡居國亦稱帝矣，而去帝稱王實自嬰齊始。此傳脱「文帝」二字，則似其父胡亦稱王，藏帝

壘當屬之胡矣，今屬嬰齊，義不可通，此皆割裂漢書之徵也。

東夷列傳第五十四

案：此雜録漢書嚴助傳，餘詳南越尉佗傳下。

朝鮮列傳第五十五

案：詳南越傳下。

西南夷列傳第五十六

案：此録漢書至「獨夜郎、滇王受王印，滇小邑，最寵焉」而止，乃割去其孝昭始元二年以後事。特彼傳爲平定四夷而作，至成帝河平中，牂柯太守陳立殺夜郎王興，降鉤町王禹漏，西南夷始爲平定。此傳中止，則亦削漢書之足爾。

司馬相如列傳第五十七

案：各本下云「司馬相如既卒五歲，天子始祭后土。八年封于泰山」。非「麟止」前語，轉從漢書録取此之謂也止故也，贊語可證。

太史公曰至此與詩之風諫何異止

案：各本下有「揚雄以爲」云云。由班贊兼録「司馬遷稱」云云，「揚雄以爲」云云，此轉録取班書，删去「贊曰司馬遷稱」六字，而仍「太史公曰」之文，遂成太史公引揚雄語矣。今删。

淮南衡山列傳五十八

元朔六年終

案：各本誤作「元朔七年冬」，今正。「元朔六年終」與上文「元朔六年中」相應。知「七」與「冬」皆誤者，元朔無七年。是時尚以十月爲歲首，「中」謂三四月間，方衡山王上書請廢太子爽之時，「終」謂九月，乃有司求捕所與淮南謀反者時矣。若作「六年冬」，反在「六年中」前也。知非元狩元年冬者，五宗世家：江都易王非以孝景前二年立，二十六年卒。子建立七年，以淮南黨事發，自殺。膠東康王寄以孝景中二年立，二十八年，以淮南事死。陽陵侯傅寬傳：寬以孝惠五年卒，子須侯精立二十四年卒，子共侯則立十二年卒，子侯偃立三十二年，坐與淮南謀反死。以年數校之，皆在元朔六年，與此傳合。惟將相名臣表、漢書武帝紀二王之自殺，皆列於元狩元年，然五行志亦云元朔六年。將相表後人僞託，不足據。是則列於元狩元年者一，在元朔六年者五，以五校一，決之甚易。

後此一月，卽屬獲麟之月矣。史記年限於此終，故別傳於此止也。

循吏列傳第五十九

案：此下篇目、篇文，皆非太史公所有者七焉：循吏傳爲酷吏傳而作，酷吏傳僞託，則循吏傳可知。酷吏皆今人，循吏皆古人，太史公非愛古薄今者，不宜有此。二傳不相屬，中隔汲鄭、儒林二傳，亦甚不倫。孫叔敖霸佐也，子產良相也，列之循吏，轉爲降格矣。索隱曰：「有管晏列傳，國僑、羊舌肸等合著管、晏之下，不合入循吏傳。」此說是也。又傳謂「鄭昭君之時，以子產爲相，治鄭二十六年而死」。案鄭世家：子產鄭成公之少子，與左氏不同成公乃厲公之五世孫，厲公乃昭公之弟，子產安得事昭公？年表：簡公十二年，子產爲卿。簡公在位三十六年，越定公十六年、獻公十三年、聲公五年而子產卒，上距爲卿之歲五十九年矣。與此云「治鄭二十六年」不合。惟左傳子產於魯襄公二十三年始知政，三十年爲政，昭公二十年卒，則於此言治鄭之年數尚近，仍去昭公之世絕遠。太史公每述一人分見數傳者，其世次、其事跡皆相密合，惟仲尼弟子傳宰我之事跡與此傳子產之世次乖異特甚，其爲妄人所僞託，正如一轍也。

汲鄭列傳第六十

案：此傳亦非史記所有，據漢書張馮汲鄭列傳竄入也。傳言始黯列爲九卿，爲下云「是時小吏張湯，後至御史大夫」而發，已入元狩間事。至黯卒後，上以黯故，官其弟汲仁至九卿，子汲偃至諸侯相。黯卒，集解在元鼎五年。則仁至九卿、偃至諸侯相，當在武帝末年，諒非太史公所及見矣，安得於「麟止」前言之？證一也。太史公曰：「始翟公爲廷尉」云云，於漢書在鄭當時傳末，此錄班傳爲贊，猶文紀錄班贊爲紀，其爲竄漢入史之跡甚顯，證二也。列傳次第先別傳、後總傳，各史皆然，法當創自史記。此別傳也，不當在循史、儒林兩總傳之間，猶大宛傳當在匈奴之次，不當列酷吏、游俠之間也，詳彼篇下，證三也。此書別傳至淮南終，總傳自儒林始，而游俠次之，儒文俠武，並稱於世也。次滑稽，談言微中，可以解紛也。次貨殖，上則富國，下則富家也。而以自序終焉，餘皆非也。

儒林列傳第六十一

焚詩書，阬術士接陳涉之王也

案：各本中云「六藝從此缺焉」，此古文學家所竄入，今刪。秦第燒民間之書，博士官所職如故，詳秦本紀「非博士官所職」條下。蕭何入關，收秦丞相御史律令圖書藏之，是則詩書雖焚，六藝未嘗缺焉。諸生犯禁而阬者四百六十餘人，傳相告引，乃自除罪。然則除罪之人亦必不少，此皆誦法孔子者，叔孫通故秦博士，比其降漢，從儒生弟子百餘人，後又徵魯諸生三十餘人。此下云魯諸儒持孔子之禮器往歸陳王；又云及高皇帝誅項籍，舉兵圍魯，魯中諸儒尚講誦習禮樂，弦歌之音不絶。是則術士雖阬，傳六藝之人亦未嘗缺焉。此非太史公言，明矣。

言詩於魯則申培公，於齊則轅固生，於燕則韓太傅。言尚書自濟南伏生。言禮自魯高堂生。言易自菑川田生。言春秋於齊、魯自胡母生，於趙自董仲舒

案：五經師説，惟此八家。書、禮、易無異師，申、轅、韓、胡母、董無異説，皆折衷於夫子，未有門户之分也，此古文家所別之爲今文學者也。自劉歆造古文學，詩託之毛氏，書託之孔氏，春秋託之穀梁、左氏，專主破壞八師之説，於是師丹劾其變亂舊章，公孫禄劾其顛倒五經，毀師法。建武初，陳元主古學，范升主今文，是爲分門户相攻擊之始。其後鄭君雜糅，今古門户始淆。王肅不分今古，務與鄭異，變本加厲，歧中有歧，辭旨紛繁，首尾衝決，乃有束髮受經，皓首不通者。試讀此傳，則若網在綱，有條不紊矣。今者，田氏易久亡，三家詩，伏氏書，零章斷句，百不存一，高堂氏禮亦有古文學竄入。求其完繕無缺，純而不雜之今文，其惟春秋胡母、董氏學乎！胡母氏學在解詁，董氏有繁露。惟胡母、董氏所傳爲公羊學，此傳言春秋，越公羊而屬之胡母、董氏者。漢書鄒陽傳曰：「慶父親殺閔公，季子緩追免賊，春秋以爲親親之道也。」終軍傳曰：「春秋之義，大夫出疆，有可以安社稷、存萬民，專之可也。」皆引公羊傳文，而不稱公羊，不稱傳，直曰春秋，以爲春秋之義者，此傳與經爲一體，猶孔子傳易、子夏傳禮之比，不與易田生、禮高堂生爲輩，故胡母、董氏與之爲輩也，安所得駕胡母、董氏而上之，突出穀梁、左氏二傳與公羊抗行也哉？左氏，詳序證春秋古文節。

穀梁，詳下。此述八師之學既明，下惟有事於朝廷者，各爲之傳：傳申公，爲議明堂也；傳轅生，爲論高帝代秦與以直言忤竇太后也；傳伏生，爲文帝使朝錯往受業也；傳董生，爲言遼東高廟災也。然爲太史公原文者蓋寡，說並詳下。餘皆無傳，不爲私家記受授，爲弟子識官閥也。其言趙綰、王臧，亦因推轂申公耳。餘皆後人從漢書竄入。

申公者至申公亦以疾免歸，數年卒止

案：各本倒作「亦疾免以歸」，今正。下云弟子孔安國至臨淮太守，周霸至膠西內史，徐偃爲膠西中尉，皆謬也。伏生章云：「自此之後，魯周霸、孔安國頗能言尚書事。」漢初諸儒無兼經者，安國、霸果從伏生受書，不應復從申公受詩。漢書終軍傳：元鼎中徐偃尚爲博士，則爲膠西中尉更在其後，非「麟止」前語。皆從漢書儒林傳竄入也，今刪。

清河王太傅轅固生者至時固已九十餘矣止

案：各本下云：「固之徵也，薛人公孫弘亦徵，側目而視固。固曰：『公孫子，務正學以言，無曲學以阿世！』」亦謬說也。公孫子曲學阿世，當在官九卿後，方與固其徵時，正當務正學以沽名，觀其對策，豈曲學乎？何庸側目視固，固亦何由誡其曲學阿世耶？又下云「自是之後，齊言詩皆本轅固生也。諸齊人以詩顯貴，皆固之弟子也」數句，意亦自複。且上文已云「言詩於齊自轅固生」，此不復言，人豈不知齊人言詩皆固之弟子耶？冗矣，漢書較此尚簡，此乃妄人所竄入，今刪。惟此章不錄弟子姓名、官閥，則申、伏、董生下備録之，可證其非史記本文也。此下爲韓生章。案：「上文已云『言詩於燕自韓生』，此仍不出言詩之意，絶無與於朝廷之事，與申、轅殊，何以傳爲？下倣此。其云『韓生推詩之意而爲内外傳數萬言』，豈申、轅無章句乎？彼不言而此言之，非例也。此言體似七略，漢書儒林傳衍之，後人據以竄入此傳也。今刪。

伏生者至乃詔太常使掌故朝錯往受之止

案：各本下云「秦時禁書，伏生壁藏之。其後兵大起，流亡，漢定，伏生求其書，亡數十篇，獨得二十九篇，卽以教於齊、魯之間」。此節不繫於「孝文帝求能治尚書者」以上，則朝錯所往受者有亡篇乎，無亡篇乎？如有亡篇，何以上文不言，錯傳亦不言？如無亡篇，孝文時尚未亡，漢定時顧亡乎？不合者一。又下云「由是山東大師無不涉尚書以教矣。伏生教張生及歐陽生」數語，上承「漢定」爲文，則伏生設教當在高、惠之世。孝文求能治尚書者，天下無有，然則山東大師何往耶？其所教之弟子何往耶？下文歐陽生教倪寬，倪寬既通尚書，應郡舉詣博士受業，受業孔安國，補廷尉史，張湯以爲奏獄掾。漢書百官表：張湯遷廷尉，在元朔三年，然則倪寬受書於孔安國極早亦在建元、元光之間，是孝武時歐陽生尚存，孝文時何往耶？不合者二。又下云「倪寬位至御史大夫，九年卒」。案百官表：寬爲御史大夫在元封元年，九年卒，乃在太初三年，皆「麟止」後事，不合者三。又下云「孔氏有古文尚書，安國以今文讀之，逸書得十餘篇，蓋尚書滋多於是矣」。案：安國之今文尚書，不言所受，當爲孔氏家學，而非伏生所傳，然則與伏生所傳者同乎，異乎？如其同也，兵禍所流亡，豈如選家之定本，篇數無差，篇名亦不異乎？如其異也，倪寬兼受業於歐陽氏、孔氏，何不以所異者互補，必待古文出而滋多乎？不合者四。餘詳序證古文尚書節。此皆從漢書儒林傳及倪寬傳竄入也，今并删。

此下爲高堂生章，案詳韓生章下。此亦從漢書儒林傳竄入，今删。

又下爲田何章。案：七家經師不言所受，此獨自「商瞿受易孔子」敍起。上文惟董仲舒稱名，餘皆稱生，此云田何子莊、王同子仲，皆名字兼舉。豈史家亦有孤雁入羣格乎？此當出自雜説，專爲傳易諸儒而發，本不與五經諸師並稱。漢書録入儒林傳，殊與上下章不侔；録史記者既竄入仲尼弟子傳，又入於此，更覺游移不定矣。且自商瞿至田何尚止六傳，案瞿少孔子二十九歲，是生於魯昭公十九年，至漢高九年，徙齊田氏關中，計三百二十六年，是師弟之年，皆相去五十四五，師必年踰七十而傳經，弟子皆十餘歲而受業，乃能幾及，其可信耶？今删。

董仲舒至以修學著書爲事止

案：各本下云「故漢興至于五世之間，惟董仲舒名爲明於春秋，其傳公羊氏也。」此爲下言穀梁張本。不思上文言春秋既下屬之仲舒，此復上及公羊，所謂尻下出頭，枝末生根，天壤間固無此物理，太史公豈有此文理？貂非不足，固無庸狗尾續也。謂「唯董仲舒明於春秋」，於「胡母生」句亦不可通。今删。

此下爲胡母生章。案：上文先胡母而後董，此在董後，亦非其次，餘詳韓生章下。今删。

又下云「江生爲穀梁春秋」。案：穀梁亦古文學也。漢書梅福傳：「推跡古文，以左氏、穀梁、世本、禮記相發明。」後漢書章帝紀：「令羣儒受學左氏、穀梁、古文尚書、毛詩。」儒林傳：「肅宗詔高才生受古文尚書、毛詩、穀梁、左氏春秋。」然則穀梁爲古文，班、范二書皆有明文，近儒辨析今古文者，皆未見及此，適幸窺見之爾。漢書儒林傳言穀梁大師如韋賢、夏侯勝、蕭望之、尹更始、劉向諸人，攷之本傳，不但無影響，適形其翩反，則儒林傳所謂武帝世江公與仲舒議，衞太子私問穀梁，宣帝立穀梁春秋者，皆如捕風繫影。而讀其傳，凡與公羊同者皆其常義，以示公、穀如一邱之貉焉；公羊精義削除殆盡，然後出左氏反對之。是穀梁者，引人背公羊而趨左氏之伏流焉，別詳愚所撰春秋復始中。此文從漢書儒林傳竄入，下言呂步舒以春秋義決淮南獄，乃從五行志竄入也。今删。

酷吏列傳第六十二

案：此傳既非史記所有，漢書亦非班固之舊。班氏贊曰：「自郅都以下皆以酷烈爲聲，然都抗直。張湯阿邑人主。杜周從諛，以少言爲重。」若是則張湯、杜周與郅都同傳明矣。下云「湯、周子孫貴盛，故別傳」，然則何謂自郅都以下乎？周傳云「周以少言爲重」，正與酷吏贊語相應，仍可爲周在酷吏傳之證。不然，豈有贊離本傳而附他傳者乎？「少言爲重」一句，此傳所無，而贊語有之，文無所承，是亦割裂漢書之據。漢書「周以少言爲重」，敍於與（減）〔咸〕宣更爲中丞十餘歲之後，〔一〕上言爲廷尉史，事張湯。百官表：湯爲廷尉在元朔三年，周自湯爲廷尉時由廷尉史遷中丞，而爲中丞十餘歲，則在元封間矣。下言宣爲左內史，百官表在元封元年，周爲廷尉，表在二年，是則「少言爲重」亦「麟止」後語，太史公無由入贊。於杜周云：「捕治桑弘羊、衞皇后昆弟子，刻深，天子以爲盡力無私，遷御史大夫。」此數語史、漢皆有之。案捕治二家昆弟子，必在衞、桑得罪後。衞皇后事在征和二年，桑大夫事在昭帝元鳳元年，文具漢書武、昭二本紀。杜周於天漢四年爲御史大夫，四年卒，見百官表。是周卒後三年而衞氏禍作，又十一年而桑氏族滅。此言在漢書固已顛倒世次，在史記且豫及昭帝時事矣。且吏之酷，至王溫舒論報流血十餘里，杜周中都官詔獄逮至六七萬人，乃爲此傳之主人翁，此傳尚不爲郅都、甯成輩作也。其事多在太初後，故知非太史公作，而班固創爲之。湯、周皆在傳中，別爲其子安世、延年作傳，後人徙湯、周事於安世、延年傳首，而增酷吏贊末云：「湯、周子孫貴盛，故別傳」，致與上文「自都以下」湯、周云云義不可通。他人復從未徙之漢書去其田廣明以下錄入史記，其後又多譌脫爾。如甯成、周陽由章稱「武帝」，不成太史公語；張湯章一稱「嚴助」、兩稱「莊助」，東漢諱「莊」，因改爲「嚴」，此傳「莊」、「嚴」雜出，非史非漢矣。

大宛列傳第六十三

索隱：「此傳合在西南夷下，不宜在酷吏、游俠之間，斯蓋司馬公之殘闕，褚先生補之失也。」

案：此亦非褚先生補，後人直録漢書張騫李廣利傳也。然此與律書，小司馬能於張晏所不謂亡者，知非太史公作，索隱之名稍符其實矣。

游俠列傳第六十四

誠使鄉曲之俠，與季次原憲比權量力，效功於當世，不同日而論矣。要以功見言信，俠客之義又曷可少哉

案：此班固所謂「遷序游俠則退處士而進姦雄」者也，故其爲論曰「以匹夫之細，竊殺生之權，其辠已不容誅」以自表異，實未得太史公本意也。詳佞倖傳下。

近世接孟嘗、春申、平原、信陵之徒，皆因王者親屬，藉於有土卿相之富厚，招天下賢者

案：各本中有「延陵」二字，衍也。季札雖王者親屬，未嘗相吴，亦未聞招天下賢者。集解引韓子云「趙襄子召延陵生，令車騎先至晉陽」，以此延陵生當之，并非王者親屬，於下文更不可通。下文專承四豪爲義，豈有一字涉於延陵者，其爲衍文明矣。今删。

且無用，待我接去

案：「且無用」爲句，「待我去」爲句，各本中重「待我」二字，衍也。今刪。

自是之後爲俠者極衆，皆敖而無足數者止

案：各本下述長安樊仲子等云「有退讓君子之風」，若此則不可謂之敖。敖當讀爲傲，故集解云「倨也」。又述北道姚氏以下曰「此盜跖居民間者」。此正無足數者而又數之，豈不與上文相矛盾？此妄人從漢書竄入爾，今刪。

佞幸列傳第六十五

案：此傳亦非史記所有，後人録漢書而去其石顯以下也。太史公自序謂春秋主乎作，故善善惡惡，賢賢賤不肖；史記主乎述，故一則曰論載明主賢君、忠臣死義之士，再則曰載明聖盛德、述功臣世家賢大夫之業。此開名臣言行録之先聲，非爲司空城旦書也。是故傳游俠，賢其不愛其軀，赴士之阸困也；傳滑稽，賢其談言微中，可以解紛也；傳貨殖，賢其人富而仁義附焉。此皆有益於人國，故傳之。傳之者，賢之也。王者親屬不在此列。何賢於佞倖而傳之？若漢書則訾游俠，貶貨殖，自當傳佞倖爾。或曰此傳若非太史公所作，何以改趙談爲趙同以避其父諱耶？曰凡因避諱而改，如改「恆山」爲「常山」、「徹侯」爲「通侯」，皆用義同聲異之字，不用聲通義別之字也。「談」、「同」一聲之轉，安知非此人本名「同」而漢書轉作「談」耶？索隱以此爲避父諱，然則滑稽傳曰「談言微中」何以不避？春秋襄公二十三年「臧孫紇出奔邾婁」，孔子且不避父諱，太史公何爲避之？臨文不諱，西漢猶然。不惟父諱也，亦不避君諱，景帝諱啟，夏本紀、燕世家皆所不避。至若「和合萬國」自出今文，「田常成子」亦因舊史，非避高帝、文帝諱也。不然豈改「協」爲「合」，改「陳」爲「田」，亦有所避耶？避君父之諱始於東漢，盛於六朝，唐時並避嫌名，小司馬以習俗例古人，謬矣。卽以此傳之事實徵之，鄧通得罪於嗣君，韓嫣取憎於太后，皆非色衰愛弛也，比以彌子瑕爲不倫矣。惟李延年事稍似，然衞后色衰而李夫人進，乃召貴延年，當在元鼎、元封之間，非「麟止」前事。隨舉一端，皆可決其非太史公作也。

滑稽列傳第六十六

髡後百餘年接秦有優旃

案：各本中有優孟章，遂云「髡後百餘年，楚有優孟」，「孟後二百餘年，秦有優旃」，其謬巨甚。孟事楚莊王，髡仕齊威王。威王之立，後莊王之卒二百二十年，是則髡在孟後二百餘年，此文轉謂孟在髡後百餘年，世次顚錯至此。旃仕秦歷漢，則在孟後三百七八十年，此云二百餘年，亦非也。且楚莊王時豈有韓、趙、魏國？楚相之子何至負薪？莊王之賢何待孟言而封敖子？孟但依冠像敖，王卽欲以爲相；若復像王，且讓國乎？呂氏春秋異寶篇：「敖疾將死，戒其子曰：『王封汝，無受利地。』

王果以美地封其子，而子辭，請寢之邱。」是則不因優孟之言也。此章世次既差，立言復謬，其爲贗鼎顯而易見，今删之。而以旃承髠，適後百餘年也。

齊威王橫行接優旃臨檻疾呼

案：各本中言優孟事，亦因傳而竄入。今删。

日者列傳第六十七

龜策列傳第六十八

太史公自序集解：「張晏曰：『褚先生補。』」索隱：「日者不能記諸國之同異，而論司馬季主；龜策直太卜所得古龜兆雜説，而無筆削功，何蕪鄙也。」

案：此文亦與三王世家空取其策文相似，例以三代世表、梁孝王世家、滑稽傳褚先生補，甚不類也，則亦非才妄續耳。

貨殖列傳第六十九

當魏文侯時，李克務盡地力

索隱：「漢書食貨志：『李悝爲魏文侯作盡地力之教。』今此及漢書作『克』，皆誤。劉向別録則云

『李悝』。」

案：孟荀列傳亦云「魏有李悝盡地力之教」，魏世家、吴起列傳皆有李克對魏文侯語，且嘗爲中山守。盡地力卽爲守之職，是李克卽李悝。「悝」、「克」一聲之轉，古書通用，非誤也。唐人不通漢讀，故以不誤爲誤。

無巖處奇士之行，而長貧賤，好語仁義，亦足羞也

案：此班固所謂「遷述貨殖則崇勢利而羞賤貧」者也，故其序論曰「飾變詐爲姦軌者，自足乎一世之間；守道循理者，不免於飢寒之患」，自旌其異。然列傳多史記舊文，中有「子贛則於變詐姦軌」語，且自相違，譬若飾蒲爲首，以配人身，雜兩人之意合作一文，固不可也，不徒失太史公本意也。

甯爵毋刁

案：「爵」、「刁」爲韻，説文「嚼，或爲嚼」。是「爵」「焦」同聲也。古謡云：「嚼復嚼，今年猶可後年饒。」「嚼」與「饒」爲韻，猶「爵」與「刁」爲韻也。

太史公自序第七十

昔在重黎，爲帝嚳火正

案：各本作「昔在顓頊，命南正重司天，北正黎司地」，與楚世家乖異，此豈一人之言乎？楚世家云：

「高陽生稱，稱生卷章，卷章生重黎，重黎爲帝嚳高辛居火正。」古文家創異說，竄入左昭二十九年傳曰：「少皞氏之子曰重，顓頊氏之子曰黎。」又亂楚語曰：「少皞氏之衰也，九黎亂德，顓頊受之，乃命南正重司天以屬神，火正黎司地以屬民。」案：史記五帝紀無少皞，詳序證終始五德節、五帝本紀「是爲帝顓頊」條下，楚語乃增少皞於顓頊之前。重黎一人也，分重爲一人，黎爲一人。火正、南正一官也，分南正爲一官，火正爲一官。司天地、屬神民一職也，分司天屬神爲一職，司地屬民爲一職。又分重爲少皞之子，改其君帝嚳爲顓頊。古文家專務反對今文如此。楚語又曰：「堯復育重黎之後。」韋注以爲羲氏、和氏，是堯典之羲和亦火正也。書曰：「乃命羲和，欽若昊天。」此即司天屬神之事。又曰：「敬授人時。」此即司地屬民之事。是司天地、屬神民，在羲和爲一職，重黎豈有二官？是篇開章二句，古文家據楚語竄改，又誤火正爲北正。夫火位南方，而稱北正，信乎？南轅而北其轍矣，其謬益甚。今正。

談爲太史公，太史公接受易於楊何

案：各本中云「學天官於唐都」，亦後人竄入也。自羲和歷象之學不傳，後世所傳者皆劉歆分野之說，竄入左傳、國語、周禮、晏子、呂覽、淮南子及史記諸篇，而總之以漢書天文志。又造梓愼、裨竈、子韋、甘公、石申、唐都諸傳習之人名以實之，後人復竄天文志入史記，謂之天官書，因造此語以爲證，而不思天官非史官職也。姑以古文證之：周禮掌天星，以志星辰日月之變動，以觀天下之遷，辨其吉凶者，保章氏之職；若太史則掌建邦之六典以逆邦國之治，掌法以逆官府之治，掌則以逆都鄙之治而已。故左傳梓愼、裨竈不稱史官，董狐、南史不言星象，是古文家不言史官掌天官焉。更以今文證之：下文遷述其父之言曰：「今漢興，海內一統，明主賢君忠臣死義之士，余爲太史而弗論載，余甚懼焉！」又曰：「有能紹明世，正易傳，繼春秋，本詩書禮樂之際，意在斯乎！」亦無一語及天官，是今文家不言史官掌天官焉。然則太史遷無由造天官書，太史談無由學天官於唐都矣。今刪。

遷生龍門，耕牧河、山之陽接**二十而南游江、淮**至**過梁、楚以歸**

案：各本中云「年十歲則誦古文」，與上下十三句皆有地名，凡言生長游歷之所者語意不倫，豈欲以魚目混珠乎？今刪。

自上世常顯功名於虞、夏接**後世中衰**

案：各本中云「典天官事」，詳上，今刪。

自周公卒五百歲而有孔子，孔子卒後至於今五百歲

案：此文上承「是歲，天子始建漢家之封」爲義，則是元封元年之言也，上距哀公十六年孔子卒，實止三百七十年，而云五百歲者，此以祖述之意相比，所謂斷章取義，不必以實數求也。由今觀之，有孔子而堯、舜藉以祖述，文、武藉以憲章；有太史公，而孔子列於世家，儒林表其經業。是孔子後不可無太史公，猶周公後不可無孔子也。下文「正易傳，繼春秋，本詩書禮樂之際」等語，惟以述作相比耳，豈謂比其聖德哉！索隱謂「揚雄、孫盛深所不然，以爲述作者記注之志士，豈聖人之倫」。非通論也。且揚雄作太玄以擬周易，作法言以擬論語，殆自以爲聖人之倫矣，竟何如？

太史公卒三歲而遷爲太史令○五年而當太初元年此數語在「周公卒五百歲」節前，今欲與下文意旨相屬，故徙此。○於是論次其文，七年而遭李陵之禍○於是卒述陶唐以來，至於麟止

案：此則其稿創始於太初元年，告成於天漢三年，而其述事實止於元狩元年冬十月耳。三者序次極爲分明。後人誤以其起草之年爲述事之年，遂造「太初而訖」之説，以張續貂之本。尤而效之者，漫衍至成帝之世矣。此節集解引張晏、索隱引服虔亦謂止於武帝獲麟。集解序引漢書司馬遷傳贊「訖于天漢」之言，不思遷傳亦云「至于麟止」，班氏敍傳又有「太初以後訖而不録」之語，文皆出自漢書，説成三隅。今以後漢書班彪傳史記後傳略論「太史令司馬遷上自黄帝，下訖獲麟」之言證之，則天漢、太初二説，決非班固之語，裴駰序信遷傳贊以自背其集解，何如據遷傳以自申之也？司馬貞、張守節之徒，可等諸自鄶以下已。

接著十二紀接十表接八書接三十世家接七十列傳。凡百三十篇，五十二萬六千五百字接序曰：惟昔黄帝至作五帝本紀第一

案：各本「麟止」下云：「自黄帝始。」當是旁記誤入正文。小序云「維昔黄帝」，即謂自黄帝始矣，此何

待言。總述全書篇數，此大序也；以下分序各篇之意，此小序也。漢書敍傳如此，知其本於史記也。各本退「大序」此文入「小序」列傳末篇中，倒亂甚矣。今正。紀、表、書、世家、列傳上亦各加以序語，豈不與小序意重？敍「八書」云：「禮、樂、律、歷、兵權、山川、鬼神。」索隱曰：「兵權卽律書，山川河渠書，鬼神封禪書。」是則律書重舉，而天官、平準二書獨遺。序「三十世家」云：「三十輻共一轂」，惟此有所取象，紀、表、書、傳皆否。於文俱爲不倫，今删。原書篇數字數今不可知，姑仍舊文而已。「序曰」二字，依漢書序例補。

維秦之先至詩歌黃鳥闕

案：「禹」、「旅」爲韻，無與「鳥」字爲韻者，下文惟云「昭襄業帝」，語不可解，脱誤明矣。自此以下，至列傳第六十九，其篇僞者序亦僞，或失韻，或不可句讀，無從校訂；間有完密者，無關大義，故不復校。

維我漢繼五帝末流至周道廢，秦接焚滅詩書接圖籍散亂

案：各本「秦」下云「撥棄古文」，「詩書」下云「明堂石室，金匱玉版」，此皆後人竄入也。古文創自劉歆，先秦時所未有，金匱制自哀章，玉版見於緯書，三代之制甚爲儉樸，明堂尚蓋以茅，石室多藏金玉，豈相稱乎？今删。

韓信申軍法接叔孫通定禮儀

案：各本中云「張蒼爲章程」，此亦後人竄入也，詳張蒼傳下。今删。

至于周，復典之接至於余乎

案：各本中云「故司馬氏世主天官」，與上文「遺文古事」語殊不相應，餘詳上。今删。

罔羅天下放失舊聞接成一家之言至第七十

案：各本中述全書篇數字數，詳上。

下又一節云：「余述歷黄帝以來至太初而訖，百三十篇。」案：此於上文年限既殊，篇數亦複，此豈一人之言？當是後人據班書敍傳竄入也。今删。

荀子賦篇、班書贊辭，皆韻語也，綴於篇末。竊取斯意，爲繫以詩：

新室國師嘉新公，戲侮造化如兒童。且爲於穆作新制，瓜分青天立五帝。五帝子爲天下王，「終始五德」開羲皇。增飾少昊閏趙政，新受漢禪猶虞、唐。若翁洪範五行傳，刺取春秋災異見。用讐父書兼讐經，爲其譏切王氏偏。詭託書序自孔子，奪孔春秋予魯史。顛倒五經毁師法，公孫名言信有旨。神經怪諜中秘深，嘘氣遂能雺古今。横作尼山五里霧，填塞龍門何處尋？探源一洗龍門出，龍門出兮尼山屹。今文家無門户分，通經何待皓首日！自此通經復通史，取法春秋訖「麟止」。漢書説如三隅矛，天漢、太初總非是。

〔一〕敍於與(減)〔咸〕宣更爲中丞十餘歲之後　據漢書酷吏傳改。